U0940733

把握时代脉络　引领行业风潮　中国首部APP专业指南

2013—2014年度
中国APP成功案例年鉴

中国电子商务协会3G发展与应用工程办公室　主编

APP让我们：　无需依靠其他媒体和应用，即可实现自己的移动营销

无需输入，即可轻松浏览 / 随时随地，互联互通
全方位、多媒体显示 / 最便捷的企业宣传册
资料更新，一步到位 / 移动互联网企业名片
有效占领移动互联入口，让企业赢在起点

中国商业出版社

图书在版编目(CIP)数据

2013~2014年度中国APP成功案例年鉴 /中国电子商务协会3G发展与应用工程办公室主编. — 北京：中国商业出版社，2014.8

ISBN 978-7-5044-8684-4

Ⅰ.①2… Ⅱ.①中… Ⅲ.①网络营销-案例-中国-2013~2014-年鉴 Ⅳ.①F724.6-54

中国版本图书馆CIP数据核字(2014)第179303号

责任编辑：刘毕林

中国商业出版社出版发行

010-63180647 www.c-cbook.com

（100053 北京市西城区广安门内报国寺1号）

新华书店总店北京发行所经销

北京市华审彩色印刷厂印刷

*

787×1092毫米 16开 16.375印张 190千字

2014年9月第1版 2014年9月第1次印刷

定价：98.00元

* * * *

（如有印装质量问题可更换）

版权所有 侵权必究

前言

2014 年，中国互联网迎来它辉煌的 20 周岁生日，其影响力早已辐射到了千家万户，更走向了无数机关、企事业单位，遍及各行各业。作为全民信息获取的一个重要载体，互联网已成为各行各业创新的平台和工具。伴随准 4G 时代的来临，众多传统行业迎来了生产、经营、营销的“颠覆性革命”。互联网俨然成为了帮助传统行业实现“逆袭”的最大功臣和先锋力量。

现如今各行各业领军人士必言“互联网思维”，而线上营销早已成为他们脑海中根深蒂固的重要经营理念。他们常常这样说，传统行业的电子商务迎来了无法抵挡的发展势头，在拥抱互联网的同时，互联网为他们打开了前所未有、前所未见的市场，更是让他们在移动互联时代掌握了黏住“指尖”一族消费人群的法宝和利器。而这正是行业 APP。

毋庸置疑，移动时代，众多行业都必须有所行动，有所作为。即使是摸着石头过河，也要走得坚挺、走得铿锵有力。雷军曾说，站在移动的风口上，是猪都能够飞起来。可见，移动互联网的威力。我们知道，当前已有众多传统行业推开移动互联的这扇大门，通过自身行业 APP、线上平台等的建立，获得了这个时代的高效商业价值。

2013–2014 年度中国 APP 成功案例年鉴的成功出版，不仅推出了众多传统企业移动营销经典的成功案例，同时呈现了众多行业精英、企业先锋的成功营销模式。我们相信，这不仅仅是一个个鲜活案例的汇集，更是一个个成功经验的总结和临摹，是对未来众多想要赶上移动互联企业的重要借鉴。当然，这也是在一个移动应用之年让移动互联网更接地气的范本。它不仅能够增加企业拥抱互联网的信心，促进二者的有效融合，也必将推动整个移动时代的成熟和稳健。

总裁致辞

首先，向《2013—2014年度中国 APP 成功案例年鉴》的出版表示祝贺。作为互联网界的一个老兵，我已经在互联网的世界里摸爬滚打了十几年，深知互联网强大的魅力和威力。当前，智能手机已经逐渐走进了千家万户，移动 APP 也俨然成为了未来行业发展的一个重要趋势。今天，能够走进中国 APP 成功案例年鉴的企业都是行业的榜中榜，是先锋力量。在这里，我也向走进该年鉴的企业们表示衷心的祝贺，移动互联网也将用宽广的胸怀迎接你们的到来。

张向宁
全国青联委员
中国互联网协会理事
天下互联科技集团董事长兼 CEO

2014 年，对于移动互联网来说是爆发的一年，更是众多商业大佬为之折腰的一年。对于众多的传统行业、企业来说，之前没有赶上互联网的脚步，现在是决不能错过移动互联网的。移动互联时代不是一步跟不上步步跟不上的时代，而是一个一步跟不上就可能面临灭亡的时代。移动互联网正在以迭代的速度前进着，可谓三年河东，三年河西。这一点已经被众多企业所认同，也因此才有了今天诸多的成功案例。“粉丝”经济、社交媒体文化及品牌传播，这都是移动互联的精髓所在，也才是真正的移动营销模式所在，这才是移动互联时代。

回顾 20 年前刚刚开始开创互联网行业的时候，我们都还是新人，但我们有着共同的理想，就是要把互联网做成一个“三无”产品：一、无所不包，互联网要包括各个方面；二、无处不在，希望互联网的触角能够延伸到各个角落；三、无人不用，所有人都要用到互联网。从中国接入互联网 20 周年的这段进程来看，我们的“无所不包”理想还是实现得差不多的。但是“无处不在”和“无所不包”就似乎真的只有移动互联网才能完成。目前，3G 乃至 4G 也已经不再是什么新面孔，很大一部分消费者尤其是年轻化的人群在对移动互联网的应用上比我们这些老兵玩得都要 high。当然，这也确实要归功于智能手机的普及。

的确，我们不可否认，3G 时代的到来已经给众多消费者带来了全新的“不一样”的体验。至少，因为移动 APP，我们不再需要为在漆黑的夜晚打不到车而担忧，我们也不再需要担心在人潮拥挤的餐厅吃不到可口的饭菜，更不用担心在孤独寂寞的时候找不到朋友聊天……不管是“嘀嘀打车”还是“网络订餐”还是当前被大家玩得热火朝天的“微信”，这些都是人们对于移动互联网的应用，是在打通人们手机入口“大战”的重大体现。当然，这也可以看成是中国 APP 应用的成功案例，毕竟不管竞争怎样，至少他们已经抢占了市场，得到了广大百姓的认可，更是获得了可观的利润。

或许有人会说，这样移动互联网时代的到来，让更多的信息透明化，让更多的情感单一化，更多的人员安全感不在。但是，我们也知道，任何新事物的到来都有着它或多或少的弊端存在。在这个创新为先、技术为先的时代，我们永远预测不到未来会发生什么，我们都在摸着石头过河，但我们不可以泯灭的是这样的一个移动 APP 的时代早已成为趋势，电商大佬们也给了我们最好的方向指引，国内外的中小企业对于移动端的应用成功案例也不乏少数，移动端口的争夺战也早在 2014 年的开年就已经打响。今天，我们能够包装出这样一本专门针对中国 APP 成功案例的年鉴，有众多的成功案例被收录进来，就一个很好的昭示，移动互联网已是大势所趋，全媒体的营销时代已经到来。

也许，移动营销的过程还会很艰难、很漫长，但不管这个过程是短暂也好，漫长也罢，是惊心动魄还是波澜不惊，都在我们自己的掌控之中。只要我们不断努力尝试创新和开发，就不会被时代的大潮退去，也一定会在时代的洪流中急流勇进。在这里，我也相信，未来一定会有更多的企业加入到联姻移动互联网的行列中来，也向未来更多走向移动客户端线上营销的企业表以美好的祝愿，也希望未来有更多的企业能够成为这个时代营销模式的领航者，我们拭目以待！

顿笔之即，再一次对《2013-2014 年度中国 APP 成功案例年鉴》的出版表示祝贺！

更愿《2013-2014 年度中国 APP 成功案例年鉴》的出版为更多的中小企业带来可借鉴的新的商业模式。

领导寄语

高新民
中国互联网协会
常务副理事长

中国已经成功接入互联网 20 年，互联网对于我们生活的改变也显而易见。当前，受到智能终端和移动网民规模的快速增长等多方面因素的影响，中国的移动互联网发展也呈现一个出高速增长的态势，一个比 PC 互联网更为广阔的“新世界”已经出现。目前，移动互联网已经形成了一套由智能终端和各类异性应用为核心的多元化移动互联网生态系统，移动互联网发展的潜能也在不断的被挖掘和释放。对于企业而言，移动互联网显然成为了当前企业精准营销的一个重要利器，谁能率先高效推出移动营销方案，抢占移动营销的先机，谁就能在激烈竞争中取胜，成为移动营销的王者，作为传统的企业，必须充分抓住移动互联时代的有效契机，借势成为行业真正的“赢家”。

祝贺《2013-2014 年度中国 APP 成功案例年鉴》的出版，它为国内中小企业应用移动终端打开了一道特色之窗，我们期待它的出版发行能够为中国移动互联网带来新的生机。

宋玲
中国电子商务协会
理事长

当前，智能终端普及了，准 4G 时代也已经到来。毫不夸张地说移动互联网已经引发了人类网络化生存的第二次浪潮，而对于企业的营销来说，移动互联网的兴起更是丰富了企业的移动业务，成为了企业做好移动营销的最好平台和阵地。手机客户端的应用在帮助企业将成本降到最低的同时，也给企业带来了最大的实惠。显然，移动互联网已经成为推动中国企业创新以及可持续发展的重要力量，与移动互联网结合也成为了当前企业营销的重要途径，成为未来成功营销的关键，成为了大势之所趋，是每个企业营销成功的必经之路。但我们也需要注意，任何营销模式的效果显现都不像想象的那样简单。移动营销更多的优势的显现还需要时间去见证，但无论如何，企业移动营销都是必然选择。

《2013-2014 年度中国 APP 成功案例年鉴》的出版必将为推动中国移动互联网的发展和移动终端的市场应用带来巨大的冲击。

赵小凡
中国软件行业协会
理事长

近年来，随着移动互联网的迅猛发展和用户规模的持续增加，移动化、碎片化、社交化的信息技术应用环境正在改变广大信息技术用户的使用习惯。当前，在大众消费领域，用户明显越来越钟情于智能终端和智能手机。用户在哪里，营销就应当在哪里。各行各业的营销明显趋向复杂多变的移动终端营销推广模式，营销效果也是显而易见的。未来，移动互联网必将快速渗透到经济社会的各个层次，提供无处不在、无时不在的信息服务，对经济转型和社会进步产生深远的影响。

2013-2014 年度中国 APP 成功案例年鉴的发行必将为更多的移动互联企业提供极具借鉴价值的崭新商业模式。

陈彤
新浪网总编辑

手机和手机类终端，正在成为人类的一个器官。如何占领手机终端的桌面、抢到一张移动门票，正成为各类企业的头等大事。

像百度、阿里巴巴等巨资收购是一条路径；像今日头条、滴滴打车等等从一点一滴、一城一池做起，是一个路径；像 UC 建设移动浏览器入口也是一个路径。移动相对 PC 而言，有时是一种继承，但更多则是一种颠覆。

总之，移动面前，血统和出身变得不再那么重要。比的是如何在 5 寸屏幕做文章，螺蛳壳里做道场；拼的是谁能抓住屏幕背后的手，谁能打动屏幕背后的心。移动大战刚刚开始，硝烟正浓，杀声震天，但还没有一手遮天的王者，每个企业都有重建秩序的机会。中国 APP 成功案例年鉴，对国内中小企业如何借助移动互联网走向成功，无疑是一种镜鉴。

以此祝贺《2013-2014 年度中国 APP 成功案例年鉴》的成功出版！

祝贺《2013–2014 年度中国 APP 成功案例年鉴》的出版发行！这本书的出版发行是国内中小企业借助移动互联网实现市场应用价值的一份答卷，让我们从中了解到更多的优秀企业！

移动互联网是移动和互联网融合的产物，继承了移动随时随地随身和互联网分享、开放、互动的优势，在给传统企业提供各种成熟应用的同时，更是给传统企业带来营销的新契机。从当前企业营销模式的转变来看，毫无疑问，移动互联网已经成为时下最热门、投资潜力最大的市场。也正是更多企业预见到了移动互联网市场的发展前景，针对移动互联网的市场以手机门户为突破口进行了布局，并收效颇丰。未来，前行的路上需要移动互联网，任何企业营销路上都不能够弃之而动。

姜奇平

目前，我国的移动互联网已经拥有了庞大的用户群体，移动互联网的发展潜能也正在不断地被挖掘和释放。在互联网这样一个开放式的营销环境下，更多的传统行业纷纷借力移动互联网完善和更新产品，通过移动终端的应用、新产品的开放唤醒沉默用户，让更多用户给予移动终端一个机会，也让企业赢得了一次展现自身魅力的机会，以开发出更多的客户群体。

所以我想说：得移动互联网得天下，为什么？移动互联网融合了关系和渠道，对传统的商业模式，将会产生彻底的变革。

应该说《2013–2014 年度中国 APP 成功案例年鉴》的出版发行，为众多的中小企业了解如何借助移动互联网提供了一本专业书籍。

祝贺《2013–2014 年度中国 APP 成功案例年鉴》的出版！

吕本富
教授

祝贺《2013–2014 年度中国 APP 成功案例年鉴》的出版发行！

移动互联网一直是个热门话题，作为这个网络的主要入口，APP 也异常火热。原因也在于智能手机占比的不断提升，网络环境的改善。但归根结底还要归咎于移动 APP 终端本身。移动 APP 用新的思维、新的技术改变了我们的生活，我们必须随之而动。目前，我国的移动互联网也逐渐呈现出越来越强的本地化特性，逐渐推动着传统的企业不断从客户的从需求出发，设计自己的产品。无形中，移动互联网增强了企业核心竞争力。

愿有更多的中小企业客户端案例走进我们的年鉴中！

赵亚辉
人民网副总编

方兴东

中国博客教父、博客网创始人、WEB2.0倡导者

今天获悉《2013-2014年度中国APP成功案例年鉴》要出版，内心的激动之情难以掩饰，祝贺该年鉴成功出版。

现如今，随着移动互联网的发展，准4G的时代的到来，各大商业大佬已经不约而同地走进了移动端的大战中。今天，中国APP成功案例年鉴的成功出版发行，对于整个移动互联网都是一个非常好的全新出发点。将众多的传统行业与移动互联网联姻的成功事例汇集，不仅仅是对想要转型互联网化的传统行业的一个指引，更是对于市场的一个引导。目前，我国已经占据了全球第一位的移动互联网用户，加之4G是对网速和带宽的增加，数据网络成本及资费的普遍下降，基于移动互联网的应用也得到了更加充分的发展，这也使得更多的行业专家认为，4G手机将完全超越通信工具的定位，更加深入到人们日常工作和生活中。

相信随着该年鉴的成功发行，未来移动互联网的市场也将更加繁荣。我们也将步入中国移动互联网的“高铁时代”。

胡延平

DCCI互联网数据中心创始人，中国互联网独立第三方研究专家

随着智能终端、云计算的发展以及智能手机的普及，我国已经快速进入了移动互联网时代，我们对于智能手机应用的各种憧憬都已经实现。即时通讯、网络媒体、社交网络、电子商务、手机支付等的蓬勃发展已经验证了这一点。当然，也有众多的业内人士用“众望所归”来表达其激动的心情。4G的发展、网络速度的提升和稳定，对于移动互联网产业是一个巨大的福音。可以说每一个传统行业都面临移动互联网的冲击与改造，未来一定会有更多的传统行业加盟到该行业中来。

衷心地祝贺《2013-2014年度中国APP成功案例年鉴》成功出版，也希望该年鉴的收录工作更加顺利，在引领国内中小企业借力移动互联网上发挥更大的作用。

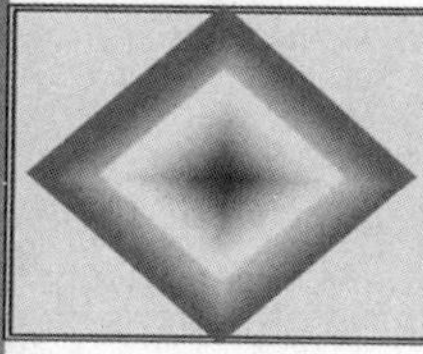

目录
CONTENTS

第一章　旅游天地

第二章　特色大全

第三章　饮食养生

第四章　母婴乐园

第五章 行业集萃

第六章 工业制造

第七章　纵横百科

第一章 旅游天地

客户端名称

摄影

主营业务介绍

开发旅游摄影新线路，组织影友出行及作品、器材、摄影技法等交流活动。长年参与数家摄影网站的图片交流或片、设备的交流活动。

企业法人谈移动互联网

APP STORE 占据了移动终端的比例已经超越了网名份额，这场由国外衍生的移动产物不断影响着中国的客户端产业。而摄影行业也开始受到 APP 开发的带动和推进，目前，摄影 APP 正在从萌芽期不断扩充着摄影行业原有的网络业务。中国智能机、苹果机占据的份额远超互联网用户比例，导致互联网的盈利点很大程度上要跟移动终端分羹。现在的摄影 APP 正处于运营期，竞争热度还属于一篇蓝海的阶段，较之目前的互联网竞争激烈的红海处境，手机 APP 开展摄影推广和业务盈利都势头大好，可开发的资源不可预估，这也预示着摄影行业将受到 APP 市场伸出橄榄枝的可能性最大。

android

ios

客户端名称

千岛湖水产

主营业务介绍

水产行业信息收集与资讯宣传。

企业法人谈移动互联网

随着移动终端设备更新换代的速度越来越快，网民对于移动互联网的访问需求也越来越大。中国正处于移动互联网迅猛发展的阶段，移动网络的基础设施建设和服务必须紧跟时代发展的步伐，才能推进中国整体网络环境不断改善和发展。这对传统企业来说，是一个不可限量的发展机遇。谁能有效地把握住，并且有技巧地进行营销，谁就能获得更大的市场。

android

ios

客户端名称

全球旅游

主营业务介绍

主营旅游产品销售、接待旅游团队、代办签证、代订车票机票等服务。

企业法人谈移动互联网

随着网速越来越快，手机终端越来越强大，移动互联网透露出的机遇与诱惑正在让互联网届欲罢不能。随着 3G 的发展和移动通信及 WEB2.0 技术的提升，移动互联网必将成为一个更大的新兴市场。移动互联网机会层出不穷，这个时候谁抓住机会，完全可以弯道超车。

移动互联网的机会有多大？摩根斯坦利的报告认为，它可能是互联网创造的产业规模的十倍。按照中国工程院副院长邬贺铨提供的数字，4.2 亿网民里有 11% 使用手机和数字卡上网，现在使用智能终端上网的用户已经占到上网用户数的 10%~50%，如此推算九年之后，移动互联网的用户数将超过固定互联网用户数。

显然，在 3G 背景下，我国庞大的手机市场规模成为有效推动移动互联网发展的基础，而这必将刺激移动互联网市场创新能力的持续提高，引发新一轮创新潮。

android

ios

客户端名称

温州旅游网

主营业务介绍

针对温州提供从景点介绍、吃住行娱购、酒店住宿、旅游资讯等攻略，更多服务伴你畅游美丽温州。

企业法人谈移动互联网

当前移动互联网已经渗透到了人们生活的各个领域，尤其是智能手机的普及，移动互联网和人们已经是如影随形。对于喜欢出行的人来说移动互联网更是发挥了它强大的优势。“温州旅游网”客户端创始人吴先生表示，旅游行业是第三产业中发展较快的行业，近几年由于扩大内需，国家出台政策大力发展第三产业，再加上“黄金周”的实行，旅游行业得以迅速发展。游客出游前不可能把旅游地的信息查得很充分，而且旅途中充满不确定性，需要随时了解旅游地的信息。移动互联网为此提供了可能。游客只要拿出随身携带的手机上网就可以查询到自己所需要的信息。

android

ios

android

ios

客户端名称

西湖网

主营业务介绍

景区介绍，新闻观点，旅游路线，西湖文化，特色餐饮，酒店住宿等

企业法人谈移动互联网

旅游已经成为全世界最大的产业之一。旅程总英里数正在稳步增长，而提供这些服务的成本，用实际货币开支的标准来看，有着显著的下降。全球新兴经济体正在不断出现第一次搭乘飞机的中产阶级。联邦航空管理局（The Federal Aviation Administration）预计，美国游客的总航行英里数将于 2032 年翻一番。

互联网曾经对旅游行业产生了巨大的影响，消费者们纷纷涌向网上旅行社，寻找最合适的机票和酒店产品，并且阅读旅行指南来提前安排他们的行程。comScore 的数据显示，2012 年，美国在线旅游产品销售总额超过了 1000 亿美元。航空旅行占到了其中三分之二的比重。移动端是最新一个冲击旅游行业的销售渠道。

客户端名称

浙江旅游

主营业务介绍

浙江旅游包括浙江旅游景点大全，精彩游记，交通出行，游玩路线，美食推荐，购物指南等。杭州、温州、金华、宁波、湖州等浙江旅游一网打尽。

企业法人谈移动互联网

我们正处于一个移动互联网技术大规模商业化应用的开端，随着 3G 网络和无线上网在全世界的推广应用，移动互联网将成为一个快速普及的廉价应用。旅游业的各项业务模式将围绕移动互联网进行重构，移动互联网不仅将成为旅游营销的主要营销平台，也会与旅游市场比翼双飞。随着越来越多旅游的客户端平台相机而生，给游客带来了优质的服务。“浙江旅游”移动平台就是一个很好的事例。平台为游客提供信息查询，当地餐厅、酒店预定的需求，同时还可以搜索相关景点的信息详情，为游客带来了极大的福利。

android

ios

客户端名称

九华山旅游

主营业务介绍

主营生活饮用水生产，供应。

企业法人谈移动互联网

工业化时代的标准思维模式是：大规模生产、大规模销售和大规模传播，这三个大可以称为工业化时代企业经营的“圣三位一体”但是互联网时代，这三个基础被解构了。工业化时代稀缺的是资源和产品，资源和生产能力被当作企业的竞争力，现在产品更多的是以信息的方式呈现的，渠道垄断很难实现最重要一点，媒介垄断被打破了，消费者同时成为媒介信息和内容的生产者和传播者，你再希望通过买通媒体单向度、广播式制造热门商品诱导消费的行为模式不成立了。

android

ios

客户端名称

漓江旅游

主营业务介绍

提供漓江旅游攻略，旅游线路、美食、住宿等信息，自驾游、组团游、超多精华自由行线路任你选，让你的旅游更快乐，旅行更简单！

企业法人谈移动互联网

2014 年是中国移动互联网市场爆发式增长的一年，各行业呈现出蓬勃发展的态势。如今，智能手机已经成为了人们生活的一部分，人们对于智能手机的依赖在不断加强，手机第一上网终端地位更加稳固。在可预测的将来，移动互联网将引领发展新潮流，移动互联网的市场规模和空间前景广阔。

android

ios

客户端名称

旅游指南

主营业务介绍

旅游指南，中国领先的旅行服务网站，介绍世界各地的旅游资讯、攻略、旅行路线制定。

企业法人谈移动互联网

移动互联网近年来的飞跃式发展，给旅游行业带来了广阔的创新空间。以前认为旅游行业是个属于传统线下发展的行业，现在看来，移动互联网将改变一切，“旅游指南”客户端的出现，让旅游行业走在社会潮流的前沿，而移动互联网带给整个旅游业的无尽的想象空间，也必将彻底改变这个行业的发展方式。

android

ios

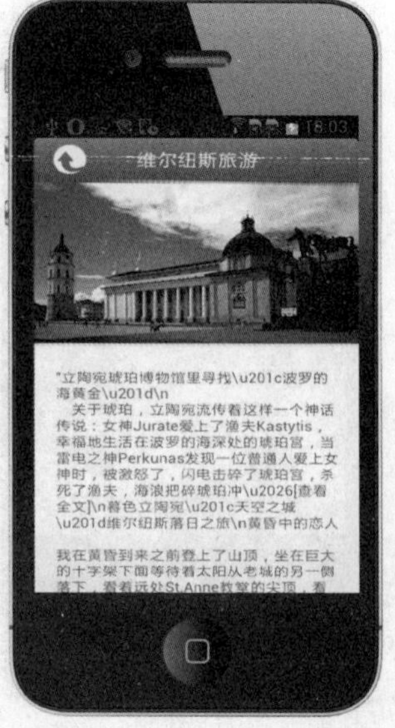

android

客户端名称

乡村旅游

主营业务介绍

乐园水乡生态农家院，提供特色餐饮、观光、休闲娱乐、真人CS野战游戏、军事拓展训练等各种娱乐休闲项目。

企业法人谈移动互联网

移动互联网能有效激发人性的欲望，为形成相应商业模式提供基础。手机作为与人最亲近的移动终端设备，通过各类传感器，收集用户信息，提供个性化服务，也使得整个移动互联网具备人性化特征。移动互联网普及率越来越高，移动终端的用户规模也在不断扩大，移动互联已走进人们生活的方方面面，是日常生活不可缺少的重要部分。把握住移动互联网的发展脉搏就能把握住最广大的用户群体。

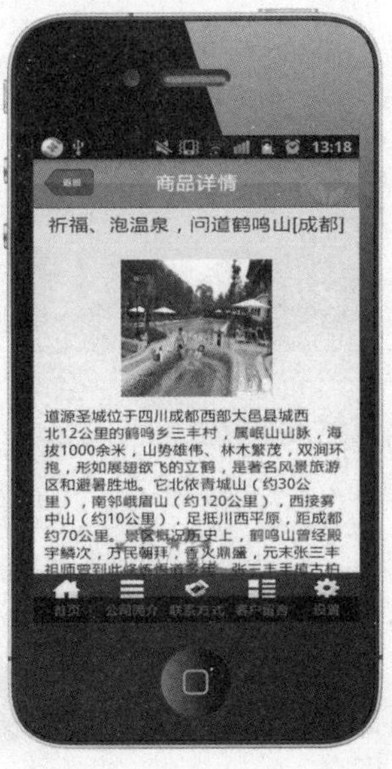

android

ios

客户端名称

中国旅游

主营业务介绍

组接团旅游、代订各地房、机票服务、旅游办证、签证服务。

企业法人谈移动互联网

随着生活水平的提高，近些年来旅游行业蓬勃发展。在此形势下，旅游企业也如雨后春笋般发展起来，市场的竞争也越来越大。互联网的发展改变了中国企业，也给旅游企业带来了机遇与挑战。特别是移动互联网的发展，现在都是指尖时代，我们的企业也要跟上市场潮流，所以跟天下互联公司合作了“旅游指南”客户端，为企业带来更好的发展，本人对移动互联网的前景非常看好！

客户端名称

旅游景点网

主营业务介绍

建筑设计、室内外装饰、绿化养护、市政、钢结构、机电设备安装、防腐保温、管道工程等。

企业法人谈移动互联网

手机客户端的出现，使传统的媒体在很大程度上处于被动的状态，这可能是传统企业的一个挑战，不仅要理解技术，还要理解网络营销，不但要理解业务，还要在产业链中找到自己的位置，这对于传统媒体业来说，都是一个全新的挑战。

对于我和整个行业来说，是架起一个传统行业和移动互联网的桥梁，促使这两个相差甚远的行业更多的协作和共同发展，只有不同行业的整合和相互协作，移动互联网才有更多的发展机会。

android

ios

旅行翻译官——让你的手机开口说话

随着人们生活水平的逐步提高，越来越多的人选择自助旅行。自助旅行最大的问题在于语言障碍造成沟通不便。“旅行翻译官”弥补了国内翻译软件的空白，尤其是对于中国方言种类繁多的情况。

“旅行翻译官”语言场景多样，与其他翻译软件不同在于其不仅支持国外语言，对于中国方言和少数民族语言也同样支持。下载所需语言包，应用将根据交通、问候、银行、购物、娱乐、餐饮等场景进行分类，点击对应中文即有真人发音。人性化的设计在于，同时内置了一些抱怨性语言在内，方便用户进行投诉。

实时翻译：

选择需要转换的语种，输入语句后即自动翻译且支持真人发声。但现版本对口语化支持不足，在输入时要尽量简洁，避免误差过大……暂不支持中国本地方言的实时翻译。

android

ios

第二章 特色大全

客户端名称

绿色保健品

主营业务介绍

代理绿 A 螺旋藻系列产品，兼营其它公司各类优质保健品。

企业法人谈移动互联网

保健养生的发展尽管时间很短，却速度迅猛，甚至催生了一批有影响力的品牌，市场竞争的程度也日趋激烈。越来越多的企业在白热化的争夺中不断寻求新的"出路"，想要做好移动互联网的大文章，就需要保健养生行业详细掌握移动互联网的服务及运作模式，深入挖掘市场化的信息需求，在固有传统营销的基础上开发针对特定小众市场的个性化功能营销方式，以满足其差异化并具有保健养生行业特色的需求。所以，结合我自身做的绿色保健品，借助 APP 这个备受关注的热门平台去发展，保健养生行业的移动互联网之行必然是前途无限。

android

ios

客户端名称

服装信息网

主营业务介绍

公司致力于品牌男、女服装的打造。

企业法人谈移动互联网

从 2010 年开始，互联网什么最热？答案无疑是电子商务和移动互联网。2010 年中国 B2C 市场引爆，仅披露的投资案例就有 56 起之多，而其中 40 起披露金额的案例投资之和为 7.14 亿美元。服装信息行业在移动互联网的发展仍然被看好，各大服装企业相继加入移动化发展“大军”之中，该行业在移动互联网的盈利模式的探索仍然在继续之中。可以预见的是，未来服装信息行业将借助移动互联网优势，拓展更大的盈利空间，取得更为长足的发展。

android

ios

客户端名称

土特产

主营业务介绍

各地土特产经销及加盟。

企业法人谈移动互联网

随着手机应用的普及，人们越来越依赖于手机来进行生活，娱乐与商业活动。在 3G 网络覆盖、应用研发推广和智能终端普及等因素的推动下，国内移动互联网产业已经进入加速发展阶段，移动互联网的商业模式也发生了重要的变革和创新。当前以应用程序商店为代表的平台模式，既符合移动互联网自身发展的特点，又体现出较好的客户聚合能力和产业影响力，因此成为运营商、设备商和互联网公司发展移动互联网的主导商业模式之一。平台模式的出现，为产业链上下游带来了深刻的变革，体现为平台和终端的融合，以及平台与业务提供的一体化。产业链各角色之间原先泾渭分明的界限开始变得模糊起来，各个参与者都在重新审视平台的战略意义，并依托原有的资源和能力优势向平台运营领域拓展。在这样一个社会契机下，手机互联网一定会成为未来商业的趋势。

android

ios

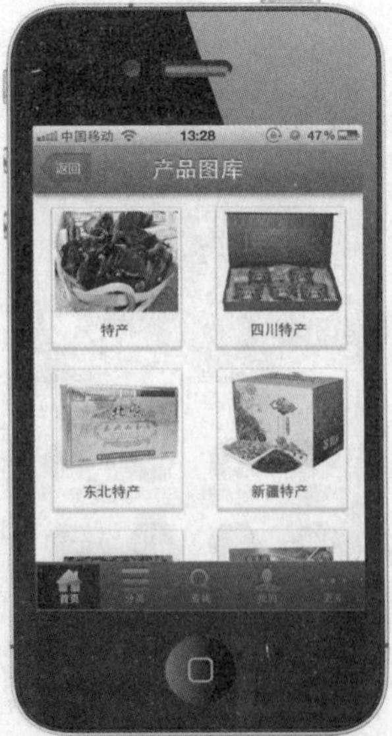

客户端名称

足浴桶

主营业务介绍

主营产品康洁牌足浴桶系列、科健康洁牌浴房系列。

企业法人谈移动互联网

就企业而言当前最大的困惑：如何把移动互联网与企业经营有机结合，深层的了解和运用，确实是能有权威、有规范，可操作，能有效。传统企业大规模走入移动互联网行业中，各传统企业对于移动互联网的需求和推动，各大公司高层纷纷以积极的态度寻求移动互联网与传统产业的接触，为移动互联网行业发展掀开新的篇章。

APP 作为一种手机应用软件已经被广大用户说熟悉，而最近的发红包、快的和滴滴打车的补贴大战已经让用户养成了手机支付的习惯。在这种趋势下，也应该尽快抓住机会，推出自己的足浴桶 APP，这是抢占用户的最好的机会，当别人的品牌占据用户的手机桌面的时候，就太晚了。

android

ios

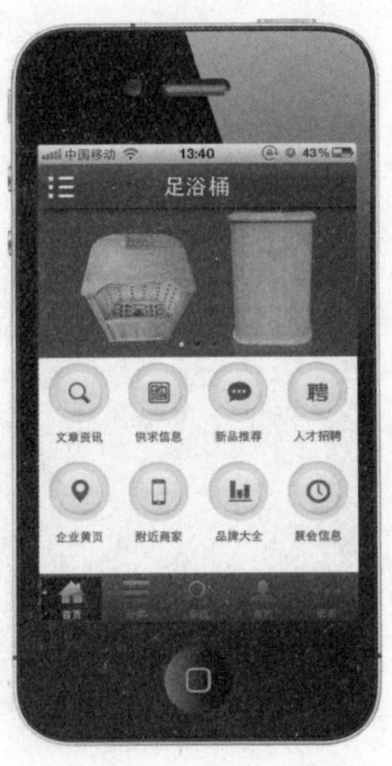

客户端名称

浙江机械网

主营业务介绍

浙江机械设备的报价、品牌、供应商等信息。

企业法人谈移动互联网

江峰作为浙江机械网的创始人，也是在机械行业工作多年的资深人士，他认为：现如今随着移动互联网技术和新媒体技术的发展，手机成为人们生活中重要的信息传递工具，成了人类的“影子媒体”。其传递信息的快捷、便利、准确超越了以往的任何媒体，移动营销的潜力巨大，企业只有重视移动营销，才能在发展中取得更大成就，移动客户端营销作为新一代的商业营销模式，一定可以带动更多线下传统行业加入到移动营销的行列中。

android

ios

客户端名称

中国小商品批发信息网

主营业务介绍

主营：小百货、小五金、某些日常生活用品以及部分文化用品等。

企业法人谈移动互联网

随着以信息技术为主导的知识经济时代的到来，信息的传递突破了地域性和时间性的局限，网络以其惊人的发展速度和巨大的利益吸引着厂商纷纷通过建立电子商务虚拟市场完成其交易活动。传统小商品批发行业运营模式也迎来了新的挑战，面临着向移动互联模式转型的问题。但是可以预见的是，小商品批发将借助移动互联网优势，拓展更大的利润空间。

android

ios

客户端名称

女装网

主营业务介绍

产品主要用于园林绿化，花卉、种苗生产，有机肥生产等行业。

企业法人谈移动互联网

进入 21 世纪移动互联网发展更迅速，我们许多传统行业都没有在 pc 互联网上有良好的表现。移动互联网给我们传统行业带来了新的商业机会，我们要抓住机会利用好移动互联网创造新的商业机会，成功转型才不会被淘汰。

android

ios

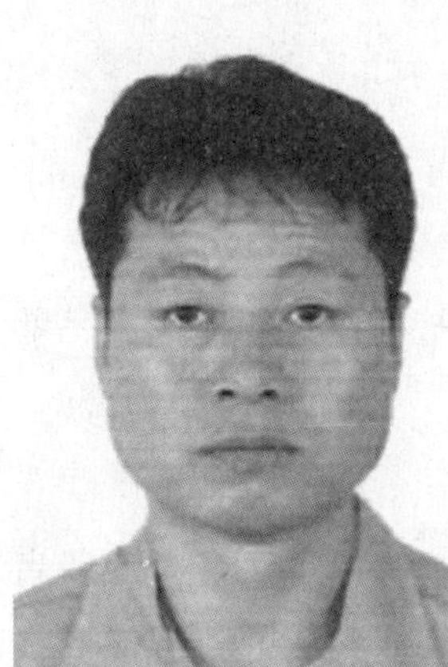

客户端名称

韩国商品

主营业务介绍

主要经营产品有韩国饼干、小食品，饮料、咖啡，洗漱用品、饭桌、调料等。

企业法人谈移动互联网

对企业而言，以网络化为基础的电子商务将极大地影响传统的企业经营方式，摆脱常规的交易模式和市场局限。电子商务将要求企业经营方式和经营活动按照电子商务的交易规模和规律进行重组。目前电子商务有三种较为流行的交易模式：第一种称为买方模式：第二钟是卖方模式；第三种为单一产品供应商模式，许多销售通过网络促销产品，移动互联网隐藏着巨大商机。

android

ios

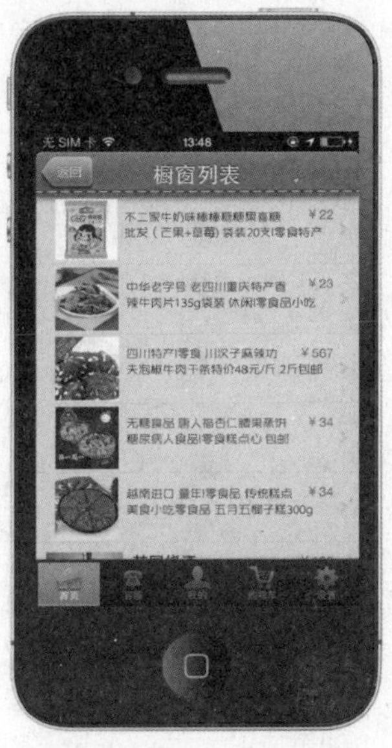

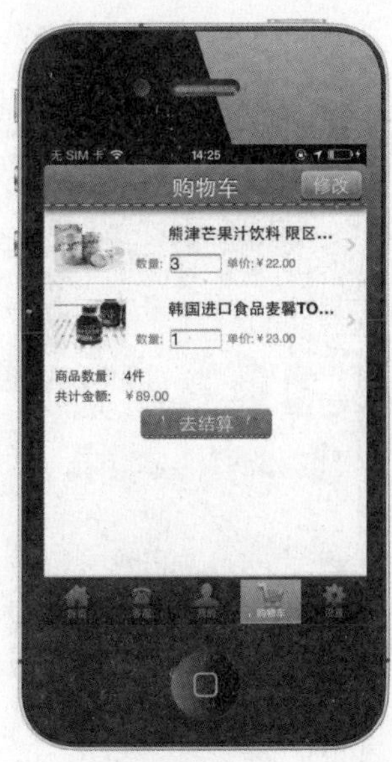

android

ios

客户端名称

淘购

主营业务介绍

美容服务，化妆品零售，养生保健服务，保健品零售。

企业法人谈移动互联网

如今，随着市场竞争的日益激烈，企业获得消费者认可及抢占市场份额的手段变得越来愈重要，在经历了互联网络营销的“激烈震荡”之后，部分企业获得了新的发展机会，绝大部分企业仍然在硝烟弥漫的商战中继续“拼搏”，业内人士分析指出，手机移动互联网将成为企业新的“拓荒地”，而 APP 客户端也势必带来商机的“井喷式”爆发，令人期待。

在移动互联网真正井喷式爆发的当下，通过移动终端平台，将行业、企业、产品供求信息更快、更全面地传播出去，使行业的发展与市场紧密结合，而对于众多资金有限的中小企业而言，相比与传统媒体巨额的广告费用，移动互联网平台的低廉费用、广阔的覆盖面都吸引着中小企业踏进移动互联网这股潮流中。相信未来，“淘购”APP 的上线将带动整个行业跨越式新发展。

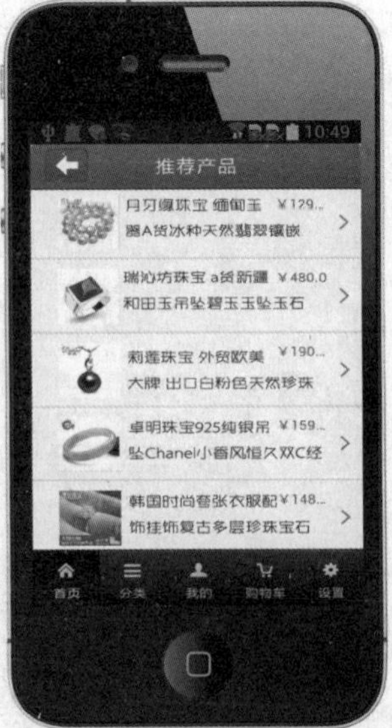

客户端名称

竹纺网

主营业务介绍

主要经营天然竹纺产品：竹纤维毛巾、竹纤维袜子、竹纤维内衣裤、竹纤维服饰以及竹纤维床品，生态竹纺浴巾、生态竹纺毛巾，生态竹纺怡爽浴巾等产品。

企业法人谈移动互联网

移动互联网在短短几年的时间里，已渗透到社会生活的方方面面，产生了巨大影响，但它仍处在发展的早期，“变化”仍是它的主要特征，革新是它的主要趋势。随着移动带宽技术的迅速提升，目前的移动互联网领域，仍然是以位置的精准营销为主，但未来随着大数据相关技术的发展，人们对数据挖掘的不断深入，针对用户个性化定制的应用服务和营销方式将成为发展趋势，它将是移动互联网的另一片蓝海。

android

ios

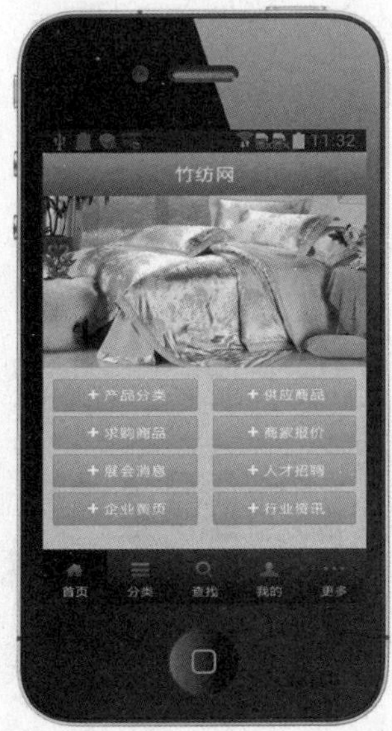

客户端名称

3D 打印

主营业务介绍

房地产开发、装饰装潢、投资

企业法人谈移动互联网

android

ios

如果说互联网全天候 24 小时影响大众生活，你可不要觉得夸张，上班期间我们用 PC 端有线互联网工作，上下班途中、外出旅行时间、等候时间、在外休闲娱乐时间我们用智能手机上 3G 移动互联网娱乐工作. 不知不觉，互联网已经成为我们工作、生活不可或缺的部分，它在某些时候甚至彻底改变了我们的行为习惯。互联网的普及诞生了电商营销，随着移动互联网的迅猛发展，电商营销必然要涉足移动互联网，而基于移动端 O2O 更颠覆了传统行业的营销模式，重塑产业链关系，更利于品牌价值的推广，而如何实现 O2O 闭环，是我们正在探索的。

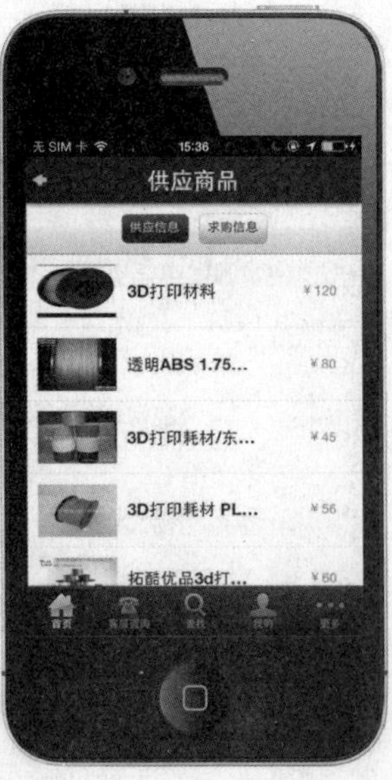

客户端名称

广西巴马

主营业务介绍

1．广告位招租：包括图片、软文、站内排行、文章推荐、整个频道推荐多种形式；

2．供求信息以及公关文章发布等等。

企业法人谈移动互联网

移动互联网是在原来移动网络的基础上发展起来的移动互联网业务。目前是发展最快的，也是最有前途的一种技术。它的最大特点就是移动性，随着智能手机的普及其应用肯定会有更大的发展，因此其前景是很好的。 移动互联网现在所做的一切是在为物联网做铺垫，传统互联网的今天就是移动互联网的明天，在这个信息化的社会抓住机会就是等于拥有财富。目前是进入移动互联网的最佳时机。

android

ios

客户端名称

农副产品

主营业务介绍

主营干鲜果品、碳雕、菊花石等浏阳土特产的批发零售，同时兼营纸张批发零售业务。

企业法人谈移动互联网

在农副产品行业的传统营销模式里，传统的市场拓展思路难以找到竞争的差异点，各种基于互联网的创新应用让越来越多的工艺品企业看到了在销售渠道拓展、精准营销、品牌塑造、口碑传播等方面的应用价值。"农副产品"客户端作为农副产品行业进入移动互联网营销的先锋，将行业内的新产品、新活动及促销优惠等信息根据不同客户的需求整合分类，具有非凡的意义。

通过移动互联网，"农副产品"客户端可以有效地帮助行业内的企业扩充营销渠道、降低宣传成本、迅速树立起市场口碑，然后在当地形成强大的市场领导力。从前只关注线下销售的工艺品企业可以通过"农副产品"APP 展示在大家眼前，凭借互联网能有效的增加了企业和客户之间的互动，为企业提供了一个更为理想的营销思路。相信在不久的将来，"农副产品"的创新营销模式，必将成为农副产品企业摆脱行业束缚，决战互联网新趋势。

android

ios

客户端名称

塑料制品网

主营业务介绍

塑料制作品的供销平台。

企业法人谈移动互联网

当移动互联网影响着人们的衣食住行的时候，对塑料产业来说，庞大的下游行业为我国塑料制品行业的发展提供了强有力的支撑，APP 客户端和移动互联网将成为互联网之后的一个新的营销领域，抢占移动互联网市场，谁就有抢占市场的先机。“塑料制品网”线上的发展可谓是行业移动互联网寻求发展新方向的领路人，相信未来通过移动互联网，必将成就塑料制品行业的又一个发展奇迹。

android

ios

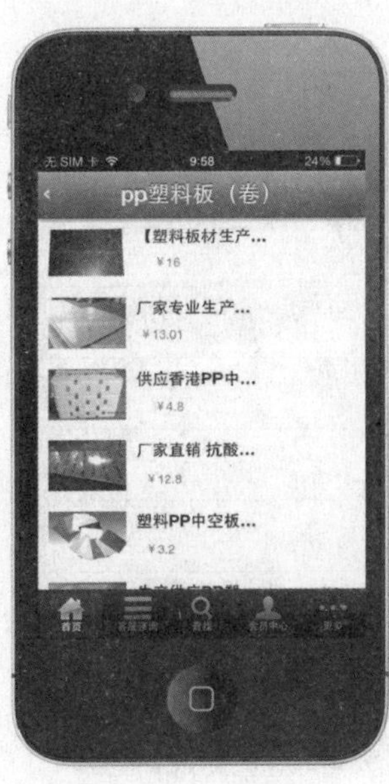

android

客户端名称

小商品

主营业务介绍

小百货、小五金、日常生活用品、文化用品零售。

企业法人谈移动互联网

成长性的中小企业大部分缺乏成功的网络运营经验，他们的资源和优势都在所从事的传统行业里，这就需要专业的网络商讯服务商与这些企业合作，共同创建一个提供信息咨询的平台。小商品行业有很大的发展前景，和天下互联合作，进行双方优势资源的整合，方便企业和大众及时获取信息。

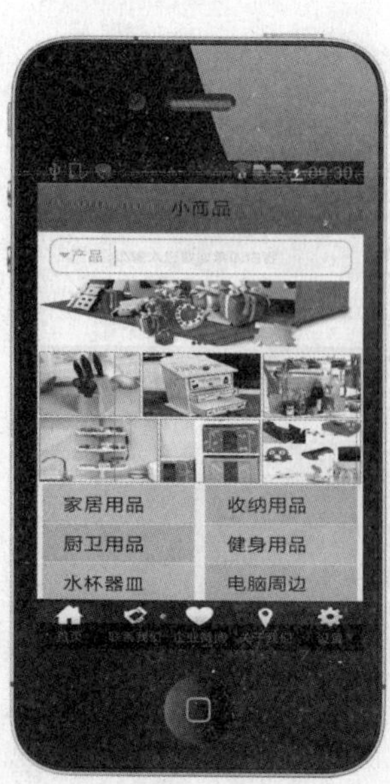

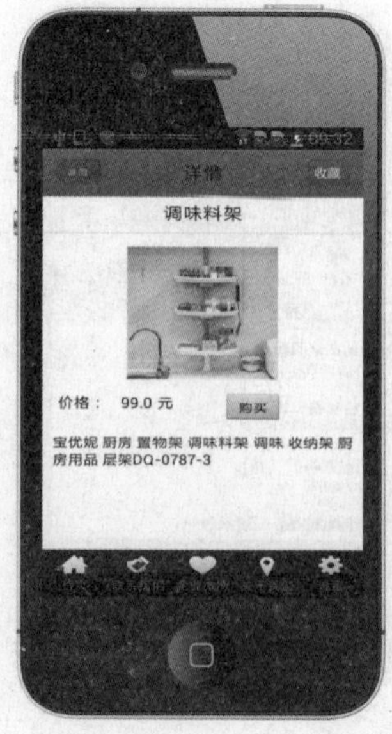

客户端名称

批发市场

主营业务介绍

副食品、包装食品、日用百货、计算机软硬件及外设、汽车配件、空调制冷设备、五金交电、建筑材料。

企业法人谈移动互联网

移动互联网不仅是科技的进步，也是一场重大变革：

社交方式和生活方式将发生改变：由于智能终端有 LBS 功能和随时随地使用的方便性，所以各种社交类应用和生活类应用站将成为主流应用，同时手机地图将成为必备应用。

APP 为王：由于智能终端的随时随地使用的方便性，会诞生出各种五花八门的应用以满足人们的生活、工作、娱乐的需求。移动支付更是方便快捷，我非常看好移动互联网的发展。

android

ios

客户端名称

手机团购网

主营业务介绍

公司以金融证券法律服务和企业法律风险管理为主业的大型综合性律师事务所解答法律咨询服务。

企业法人谈移动互联网

移动互联网是未来的发展趋势，是企业必将要借助的媒体平台，我认为抓住互联网就相当于建立了自己的资产。

无论是通过手机传送更有价值的商品信息，还是制造新鲜有趣的热点，传统零售正在努力转型，创造一个全新的逛街时代。中国移动互联网市场将是美国数倍，移动互联网的迅猛发展，正在给整个中国市场带来一次洗礼。身处这个变革的时代，机会稍纵即逝，机遇如果被竞争对手抓住会很难翻身，所以既然所有人都认同了移动互联网的大发展，认同了消费者在手机上获取信息越来越多的替代了 PC 互联网，那么就应当立即下大力气在移动渠道上做更多、更大的文章。

android

ios

客户端名称

双十一

主营业务介绍

为各行业企业提供产品供求信息发布、优惠促销、资讯活动和企业动态，建立会员黄页等。

企业法人谈移动互联网

首先感谢天下互联为我们传统企业打造的手机客户端。在我看来，移动互联网为什么能够爆发，是因为它符合人的特征，人本身是移动的，需要移动的网络，移动互联网激发了人性的潜能和欲望。现如今，人们的生活方式更加紧凑、零碎，而移动互联网满足了这种需求，手机客户端作为移动互联网最主要的入口，注定成为未来十年企业争夺的焦点。

android

对于我们传统企业转型移动互联网而言，主要分为三方面：一是商业模式的转型；二是管理的转型；三是文化的转型。我认为传统企业完全可以抓住移动互联网这一全新的机遇，实现新的突破。手机 APP 的出现，为商家进军移动营销提供了巨大帮助，这一前景无限的市场此刻正在向广大中小企业敞开！

ios

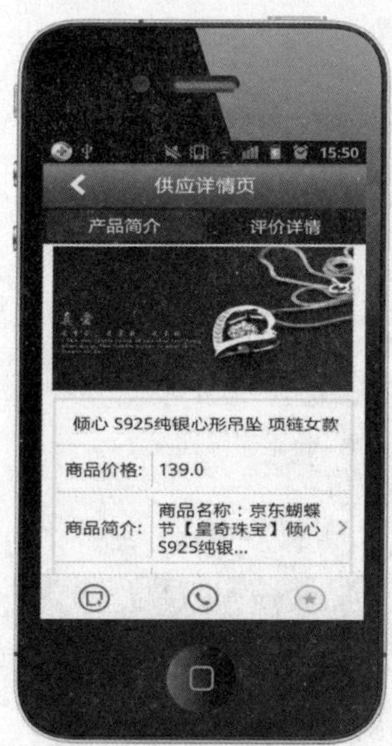

android

ios

客户端名称

淘服装

主营业务介绍

服装、纺织、皮革的设计、制板、生产、包装、运输一站式服务。

企业法人谈移动互联网

随着互联网转型移动互联网，从淘宝开始人们把网上购物变成了一种时尚，而移动智能手机的普及，让这种线上购物模式更加便捷和专注。服装是一个比较快速的消费类产品。随着人们对于美丽和时尚的追求，服装界的流行趋势和产品资讯越来越被消费者关注，那么一个快速的、方便的、全面的服装行业移动端急需展现在现代人们的视线中。不仅是针对消费者而言，对于很多服装厂家与商家也是如此。他们市场份额有限，竞争又趋于激烈，很多品牌商又面临国外品牌的竞争，服装生产行业产能过剩，价格偏低，利润低，营销出口又越来又少。如果能够快速获得外界市场的订单，那么可以极大地降低库存，减低运营成本，增加利润。所以未来移动互联网对于服装产业将是一个大的变革契机。

android

ios

客户端名称

LED 网

主营业务介绍

公司主要从事充电产品的研发、加工、销售，以及手机移动电子商务平台，拥有自己的注册商标和多项产品专利，并拥有自营进出口经营权。

企业法人谈移动互联网

移动互联网是未来发展的趋势，2013 年移动互联网全面爆发，移动搜索潜力巨大。近年来中国网民规模增长，尤其是手机网民，一方面得益于 3G 的普及、无线网络的发展和智能手机的价格持续走低，为手机上网奠定了较好的使用基础，促进网民对各类手机应用的使用。尤其为网络接入、终端获取受限的人群提供接入互联网的可能。另一方面得益于手机应用服务的多样性和深入性，尤其是新型即时通信和生活类应用的推动下，手机上网对日常生活的渗透进一步加大，在满足网民多元化生活需求的同时提升了手机网民的上网粘性。

在智能终端快速普及、电信运营商网络资费下调和 wifi 覆盖逐渐全面的情况下，手机上网成为互联网发展的主要动力，不仅推动了中国互联网的普及，更推升出更多新的应用模式，带来互联网经济规模的迅猛增长。2014 年，中国移动互联网整体行业保持强劲发展态势，移动终端的特性进一步体现，行业内应用发展呈现新的特点。

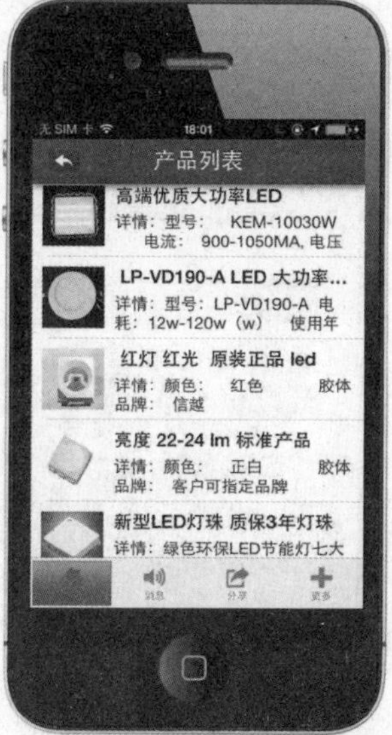

限公司　北京电信通电信工程

客户端名称

服装商城

主营业务介绍

为服装企业搭建的宣传、沟通平台。

企业法人谈移动互联网

移动通信和互联网成为当今世界发展最快、市场潜力最大、前景最诱人的两大业务，它们的增长速度都是任何预测家未曾预料到的，所以移动互联网可以预见将会创造经济神话。移动互联网庞大的用户量是对各行业的极大诱惑。越来越多的行业投身其中，建立属于自己的客户端，既方便信息的投放与宣传，又能为企业招徕用户和合作企业，可谓是益处良多。

android

ios

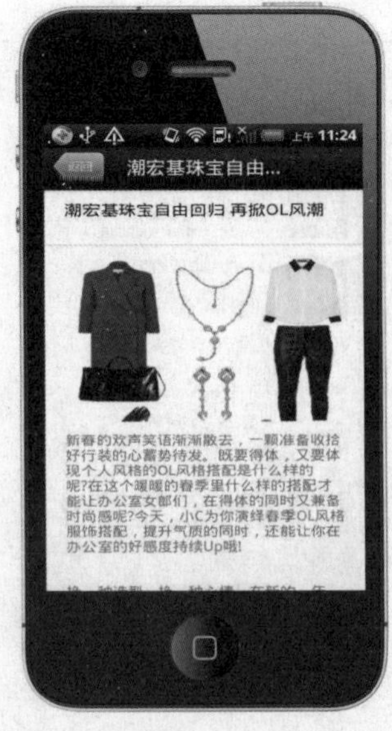

ios

客户端名称

LED 节能灯

主营业务介绍

主要经营：电子节能灯，日光灯，吸顶灯，筒灯等。

企业法人谈移动互联网

一个属于移动电子商务的新时代，正在向整个商业世界拉开帷幕。节能灯手机客户端的出现，在带给客户出色体验的同时，也为节能灯行业提供了完善、便捷、多样、高效的移动营销新方式，必将引领照明行业进入高速发展的黄金期。加上移动互联网的传播优势，LED 节能灯将凭借得天独厚的优势走向世界级的舞台，为客户提供更为全面的服务。

客户端名称

农家乐网

主营业务介绍

预拌砂浆、预拌混凝土制造、销售等产品。

企业法人谈移动互联网

移动互联网发展到现在，已经有很大不同，它不仅仅是一种技术和产业，正在逐渐转化为一种战略竞争力。移动互联网与人们的日常生活联系日益紧密，线上和线下正在不断融合，也让各行各业不断加快进军移动互联网的速度和和步伐。在这场移动营销革命中，必将为传统行业带来极大的变格，机遇和风险。这不仅是目前竞争激烈市场的方向和机会，更是各行业继续发展的动力。

android

ios

客户端名称

中国服装网上商城

主营业务介绍

全球卫星定位系统、高新技术产品的技术开发、咨询服务和产品销售，汽车安全用品及配件的维修。

企业法人谈移动互联网

在科技高速发展的背景下，人们的生活也随之而改变，同样包括人们的消费习惯。回首一下，从长期的传统线下购物，到近年来的网络购物，再到如今炙手可热的移动购物，人们的购物方式发生着天翻地覆的变化。无疑，时代和科技的变革让消费方式变得多元化。随着智能手机的普及、4G 时代的到来及各种应用的推出，在产业链各方的推动下，互联网已经从电脑走向手机及其他移动设备，谁最早掌握并成功使用移动电子商务这个强大武器，谁就最先获得成功，从办公室、书房走向口袋，移动互联网和有线互联网融合的速度加快，企业个人都离不开无线化时代出现的移动，与互联网相结合的趋势是历史的必然。

android

ios

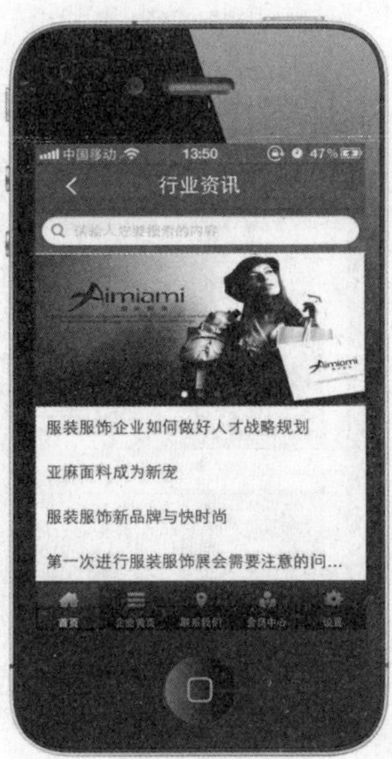

唯品会——一家做特卖的网站

唯品会定位为“品牌特卖”，率先在国内开创了“名牌折扣+限时抢购+正品保险”的商业模式，通过其“零库存”的物流管理与电子商务的无缝对接，迅速在电商领域发展壮大。

1. 驾驭商品的能力：

大部分商品采用买断的形式，7 天后未销售的商品返回给品牌商。品牌、商品有专业买手团队负责选款。

2. 找准目标用户心理特征：

用户群重新定位为二三线城市，以女性用户为主，用心构建购物场景，从专题页到添加商品，整个购物环节设置限时提醒，闪购、限时、商品质量承保模式激发支付率，饥饿营销的同时，商品转换周期也快。

3. 仓储的动态运营能力：

电商要想发展壮大，最主要的环节在物流和仓储。唯品会的另一优势在于 SKU 每 5 天 100%地更新一次，而且是零（零散）进零出，从 IT 系统到货物的分拣，再到最终与供应商的货款对账。

android

ios

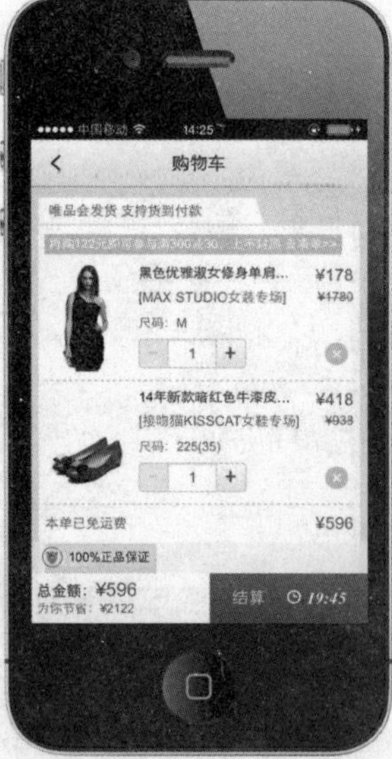

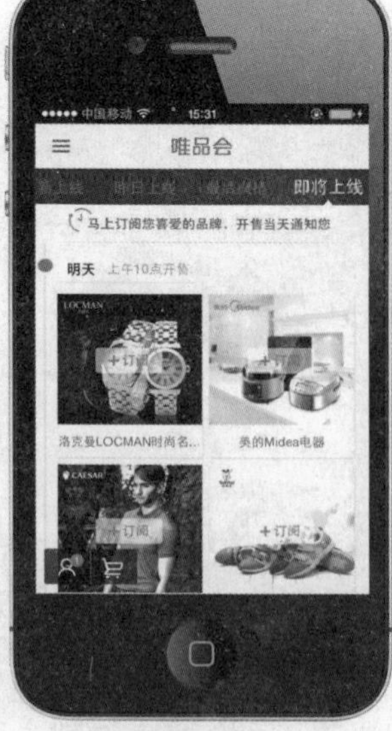

第三章 飲食養生

android

ios

客户端名称

美食名店

主营业务介绍

汽车租赁、代驾，汽车托管，旅游线路指导。

企业法人谈移动互联网

随着 3G 技术的成熟应用普及，移动互联网已逐渐成为主流趋势。移动互联网正迎来了最好的时代，相信已经成为很多人的共识，那么面对同样的机遇，如何才能更好地把握呢？互联网传播的低门槛让不少餐饮企业参与到这场营销战中。当用户的消费方式和注意力逐渐向移动端转移时，餐饮业的经营者们也开始琢磨着如何利用这个平台和顾客形成互动以提升业绩，带动企业转型升级。餐饮企业可借助移动互联网这一平台专注于品牌运营，加快线下产业与线上互动的融合，以多样性、个性化的互动方案带动消费，提升企业信息化管理水平。

客户端名称

矿泉水饮料供应商

主营业务介绍

主要经营天然矿泉水，饮料，酒，旅游业，食品加工，种养殖业，饮食。

企业法人谈移动互联网

随着智能手机市场规模的逐渐壮大，在 2012 年，以 Android 和 IOS 系统为主的智能手机也迅速占领国内移动手机市场。

目前，日常生活用品成为移动互联网网购中的重点。越来越多的网民通过移动网络购买服装、手机、化妆品、居家日用品等生活用品。与去年相比，日用消费品明显增多。其中居家日用品从 2006 年的第 8 位上升至第 4 位，家用电器从 2006 年的 15 位飙升到第 5 位；话费充值卡从 2006 年的第 10 位升至第 6 位。当中国移动电子商务从 3 年前的边缘人群消费边缘产品过渡到今年的主流人群消费主流产品，中国的网购市场开始成熟了。

同时，随着人们对健康的看重，日常生活中的食品及饮用水也成了人们关注的重点，同时也进驻到移动网络的交易大军中。当下移动互联网的高速发展让我们认识到，只有依靠移动互联网的带动作用才能将我们的产品更好地推入生活，并且更好地推动公司的发展，使公司在饮品市场上占有一席之地。所以，移动互联网是生活中不可或缺的一部分。

android

ios

客户端名称

食品饮料网

主营业务介绍

在苏州经商10年之久，涉及古玩收藏，股市交易，五金橱柜家具实体企业，西点烘焙实体店等。

企业法人谈移动互联网

在更多的传统行业进入到互联网的平台的同时，食品饮料行业也在互联网的浪潮中发展迅猛。移动互联网的出现，不仅使得人们随时随地上网成为现实，同时也给食品饮料行业带来了新的机遇，入驻移动互联网，展开APP营销新策略，也逐渐成为食品饮料行业创新盈利新模式的主要途径。相信传统的食品饮料行业与移动互联网携手，打造的不仅仅一个时代的特色，更是更加美好的未来。

android

ios

客户端名称

养生门户

主营业务介绍

“养生门户”客户端平台为相关养生保健行业提供供求信息发布、广告宣传、人才招聘等服务。

企业法人谈移动互联网

移动互联网产业，是利用移动终端通过移动通信或无线宽带等无线通信方式获取互联网服务的新兴业态，是渗透性强、辐射带动面广、发展潜力大、技术与附加价值高、创新活跃的战略性、基础性、先导性产业，对鼓励创业、吸纳就业、调优结构等具有积极促进作用。移动互联网正逐渐渗透到人们生活、工作的各个领域，短信、铃图下载、移动音乐、手机游戏、视频应用、手机支付、位置服务等丰富多彩的移动互联网应用迅猛发展，正在深刻改变信息时代的社会生活，移动互联网经过几年的曲折前行，终于迎来了新的发展高潮。

android

ios

客户端名称

快餐

主营业务介绍

商务套餐、精品快餐在线预订。

企业法人谈移动互联网

在这个以快为准的快速消费时代，快餐应运而生。我们认为快餐行业的电商之路是当前互联网大环境下的必走之路，当然也是消费者所需求的道路。随时、随地、便捷这就是电商的特点，加之与线下一致的服务，当然更受欢迎。

快餐客户端平台同时希望各餐饮企业的加入，来提高订单业务量，客户满意度和企业形象，协助您在激烈的市场竞争中脱颖而出。

android

ios

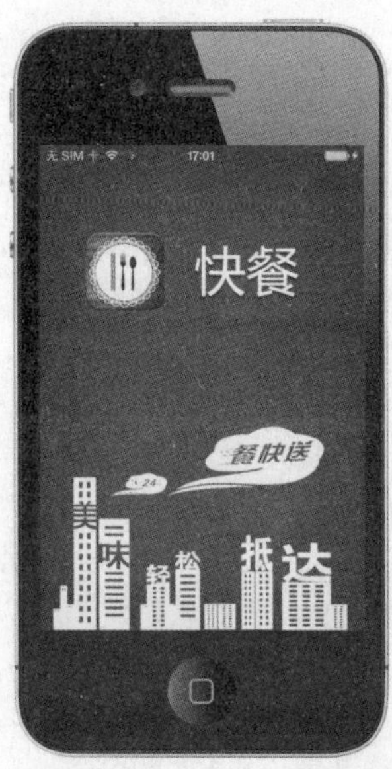

客户端名称

中华保健养生

主营业务介绍

厨卫家电、饮水机、净化器、 整 水机、能量宝、保健系列。

企业法人谈移动互联网

随着智能手机的普及、3G 及超 3G 时代的到来及各种应用的推出， 在产业链各方的推动下，互联网已从电脑走向手机及其他移动设备；从办公室、书房走向口袋，移动互联网和互联网融合的速度也不断加快。在不断深入的移动互联网时代，随着智能手机、平板电脑等移动终端设备的普及率大幅度提升，用户的行为习惯逐渐改变，企业通过 APP 开展营销活动成为一种趋势与必然。

android

ios

客户端名称

干果

主营业务介绍

各类干果干货。

企业法人谈移动互联网

移动互联网一直是个热门话题，作为这个网络的主要入口，APP 也异常火热，特别是最近半年，随着智能手机占比的不断提升，网络环境的改善，个别标杆产品的面世，传统互联网的布局竞赛，使得这个行业炙手可热。有人说移动互联网会取代传统互联网，有人说这将是整个互联网行业的又一次重新洗牌，可以肯定的是移动互联网未来发展趋势必定是更加迅速、更加普及、更加全面。各行业也必将借助移动互联网将行业品牌的宣传最大化，及利益最大化。总之，入驻移动互联网是稳住并逐步扩大产品市场的明智之举。

android

ios

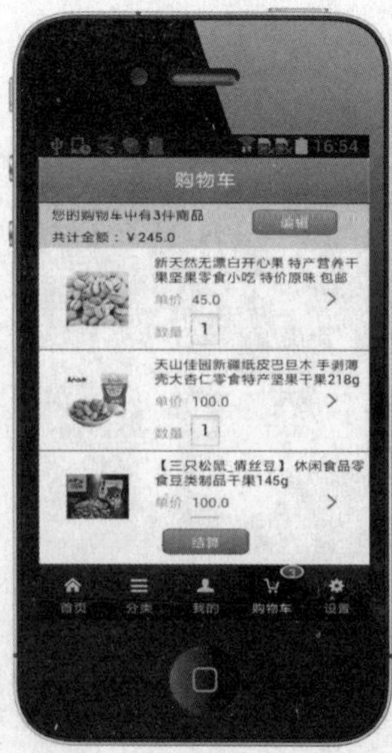

客户端名称

中国农产品

主营业务介绍

新鲜果蔬、水产品、鲜冻畜禽产品、日用品、预包装、散装食品。

企业法人谈移动互联网

时代在进步，社会在发展，网络技术的每一次革新都必将会对社会产生巨大的影响。“中国农产品”平台正是对我国的农产品行业未来发展趋势有着准确的把握和定位，抢占先机，率先入驻移动互联网，开辟APP营销新模式。引领一个新的信息交流方式便是整合信息交流模式，成为当今社会最为领先的电子商务等商业模式中信息交流的精髓，开辟全新移动互联网营销时代。

android

ios

客户端名称

吃喝玩乐游网

主营业务介绍

经临汾市工商局核准成立的集民间融资咨询、个人理财、资金拆借担保（民间借贷担保），为客户理财、信息咨询及配套服务一体的投资管理和融资服务咨询公司。

企业法人谈移动互联网

全球移动互联网的发展标志着人们的生活进入到一个崭新的快捷方便的电商时代。随着近年来智能手机市场的大规模普及，现在的年轻人每天上网的方式和时间正逐步向移动设备进行转移，网购已成为用户增长最快的应用。对于传统商家尤其是品牌企业来讲，搭建自己的移动电子商务平台迫在眉睫。

作为拥有吃喝玩乐游手机客户端的企业，应当利用这样的先进工具为企业和客户提供或展示（中华民族的美食文化；喜闻乐见的精神文明生活；游览祖国的大好河山……）更优质的服务和快捷信息的平台。使人们通过查询和浏览了解和满足生活上、物质上和精神上的一切需求。所以，我们看好并跟进移动电商时代。

android

ios

客户端名称

酒业采购

主营业务介绍

糖酒贸易。

企业法人谈移动互联网

随着移动应用程序的普及，手机除了是一个基本通讯工具，同时也是重要信息传递的端口，通过她，我们不仅享受了随时随地的信息服务，而且还完成了很多颇具创意的商业行为。近年来，越来越多的人习惯于网上购物，网购甚至成为了他们消费的主要方式。酒业采购与企业无疑更应受到这种趋势的影响。有人说中国文化从某种程度上说就是一部酒文化史，历经千年的发展，酒类品牌在中国的发展已经十分成熟，在移动互联网这个全新的生态圈中，所有企业都要重新建立自己的品牌、口碑、知名度，重新发展用户群，所有企业都在同一个起跑线上，而传统企业在移动互联网时代所留下的差距将不复存在。

android

ios

客户端名称

中国日用品网

主营业务介绍

压敏胶水、BOPP封箱、文具胶粘带半成品及各种规格的胶粘带。

企业法人谈移动互联网

几年前，网购对于不少网民来说还是新鲜事，甚至不少人对网络购物的安全性和可靠性不抱信心，网购重点集中在手机、数码产品、服装、化妆品等领域。

目前，网购重点发生转移，日常生活用品在网购中比重的日益增高，已经接近30%。越来越多网民通过移动网络购买服装、手机、化妆品、居家日用品、家用电器、充值卡、相机摄像机、PC及配件、笔记本电脑、食品保健品。生活用品占据6席，IT数码类仅占4席。

与去年相比，日用消费品明显增多。其中居家日用品从2006年的第8位上升至第4位，家用电器从2006年的第15位飙升到第5位；话费充值卡从2006年的第10位升至第6位。

当中国移动电子商务从3年前的边缘人群消费边缘产品过渡到今年的主流人群消费主流产品，中国的网购市场才开始成熟了。

android

ios

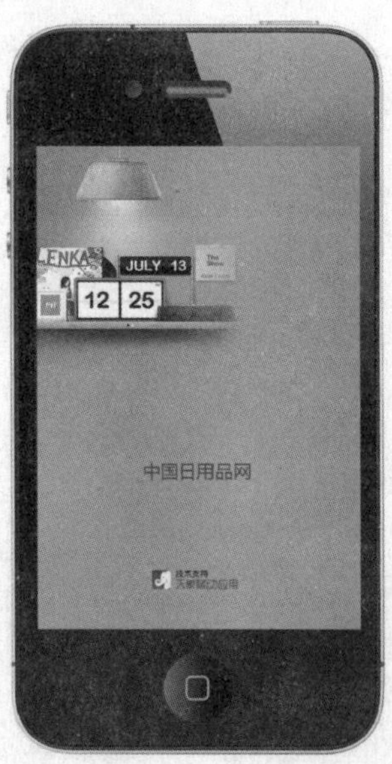

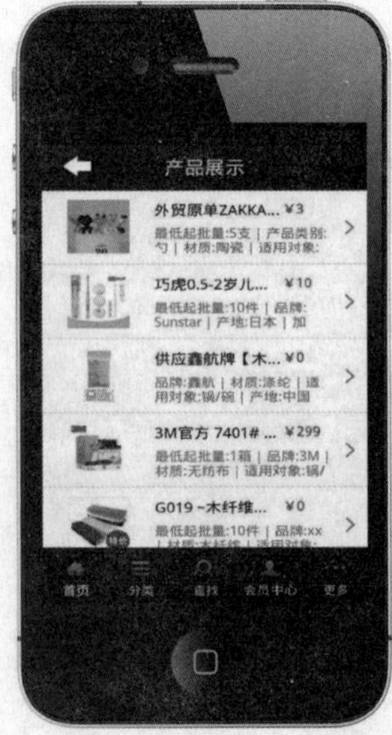

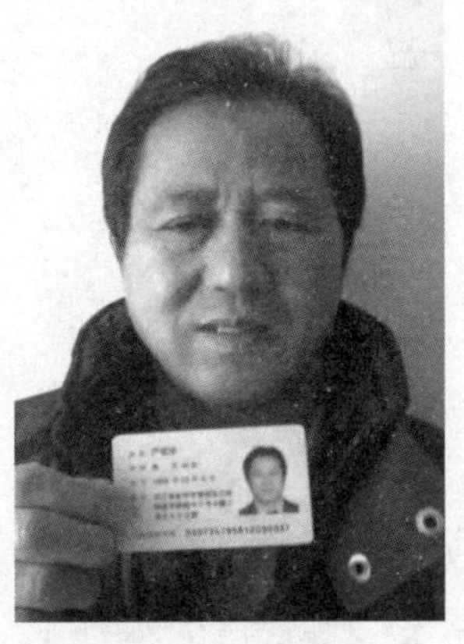

客户端名称

保健品网

主营业务介绍

主营分为生活保健，四季保健，大众保健，特殊人群保健，疾病预防等栏目，为大家选择适合自己的保健品提供更加便捷的渠道。

企业法人谈移动互联网

当移动互联网影响着人们的衣食住行的时候，对保健品行业来说，APP 客户端将成为互联网之后的一个新的营销领域。抢占移动互联网市场，速度依然是最重要的，谁抢先看到机会并快速执行，谁就有抢占市场的先机。入驻移动互联网，展开 APP 营销新策略，也逐渐成为保健品行业创新盈利新模式的主要途径。

android

ios

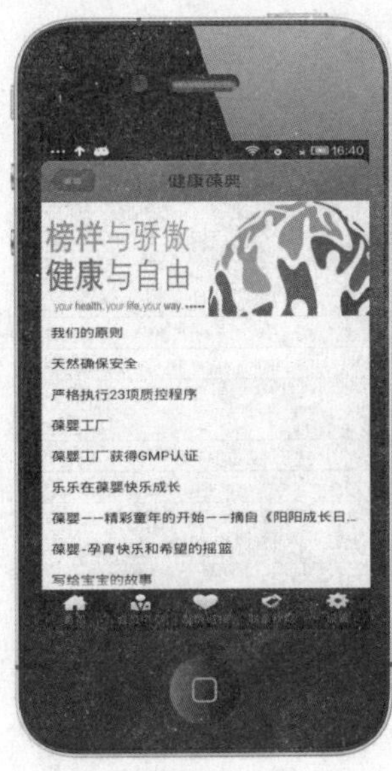

客户端名称

名烟名酒

主营业务介绍

批发零售名烟名酒、河南名优土特产。

企业法人谈移动互联网

酒香不怕巷子深的时代已经过去了，现在企业想要做大做强必须要提高自己的知名度，特别是传统企业。马云曾说：谁抢占了移动互联网的先机谁就赢。移动互联网为我们带来了新的商机，线上线下的结合才能让企业更好的发展，所以我们不会放弃时代赐给我们的机遇，一定要紧跟时代的步伐，才不会被淘汰。

android

ios

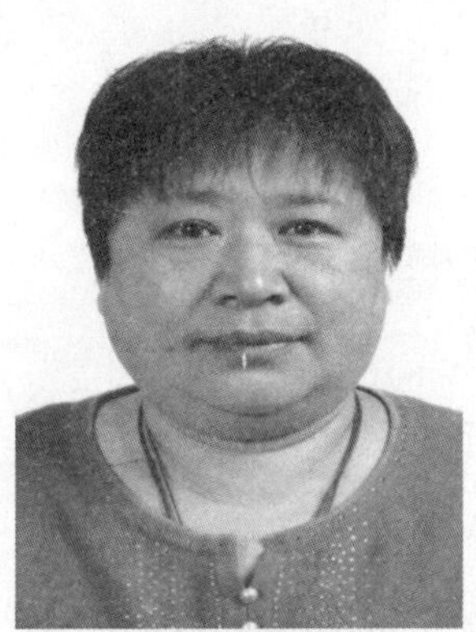

客户端名称

木糖醇

主营业务介绍

以食疗为主，对糖尿病患者及高危人群，实行预防食疗，效果显著的企业，为顾客量身定制个人健康计划。

企业法人谈移动互联网

电子商务是朝阳行业，而木糖醇的应用也随着中国不断发展的经济需求正在蓬勃发展，这两者的结合无疑会有一个很好的发展空间。

纵观整个信息化时代，电子商务发展潜力不可估量，木糖醇应用进军电子商务领域存在各种困难，但随着行业对电子商务认识的不断深入以及技术的不断发展，电子商务势必在不远的将来，成为行业发展的主流。未来，木糖醇应用的操作平台，必将成为行业齐聚的理想之地。

android

ios

客户端名称

土特产在线

主营业务介绍

经销休闲炒货、干果、茶等产品。

企业法人谈移动互联网

随着产业融合的加深和移动通信技术的普及，移动互联网产业呈现移动终端芯片集成化、移动终端智能化、移动应用与服务多样化的趋势。正如信息技术的革命，使得人类经历了第三次浪潮；移动互联网的发展，进一步加速了传统行业革新的步伐。“如果不能搭上移动互联网这趟时代列车，整个行业将会面临颠覆性威胁”已成为业界共识。

android

ios

与此同时，无论从现实生产生活需求层面，还是从国家发展政策层面，移动互联网的交叉产业，如物联网、传统互联网等产业，都呈现出巨大发展空间，相关产业技术和产业应用具有广阔前景，面临重要战略机遇期，加速提高国民经济社会发展的信息化程度，将是推动经济社会智能化和可持续发展的重要力量。

食色——美食会“说话”

对美食有过强烈渴望的人，或许更能理解美食需要记录的心情。分享美食的应用并不少见，但食色会让食物“说话”。提供精致的滤镜让美食更诱人，富有人情味儿的水印，帮助更多人发现、记录、分享美食。

1. 美食的力量

这里网罗了全国各地的美食，眼明手快是吃货必备技能之一，图片上会显示美食与你之间的距离，若标明了“家里”的好菜，你还能私信询问是否能去做客。

2. 享受美食和分享的双重满足感

食色当然懂一个吃货的心，上菜，拍照，开吃。食色可以等你吃完再回过头来编辑照片，人性化的交互，细心体贴。专为美食而设计的滤镜和风格各异水印，精致而不失真。

3. 吃货爱分享

行走在吃货的路上，人人都拥有自己的足迹。本着吃货爱分享的心，食色覆盖了主流的社交平台，你实在没有理由不拉吃货入伍。

ios

客户端名称

酒水大全

主营业务介绍

定型包装食品销售，酒类零售等产品。同时也是旺旺集团在大连授权的代理商。

企业法人谈移动互联网

现代信息科技不断发展，移动互联网发展更是势头强劲。特别是 O2O 模式的兴起，对于商家、消费者、运营商这个闭合圈而言，能将相互之间的价值最大化，实现三方共赢。现如今网络销售发展势头非常迅速，我公司是经营酒业、旺旺、粉丝等等的快速消费品公司，我希望公司与互联网进行结合，线上带动线下实体，线下带动线上运作，从而增加公司的营业额。

android

ios

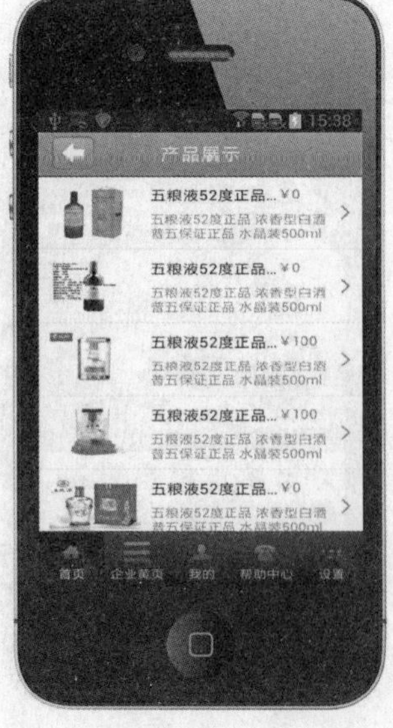

哈哈镜宅急送——鸭脖在路上！

在O2O盛行的当下，移动支付的便捷性越来越受人青睐，更多的线下交易平台逐步开展自己的移动支付业务。哈哈镜宅急送应用支持多手势操作，从下单、到结款全程都是种享受。基于LBS，随时可以查看离你最近的门店，实用度与易用度并存。

1. 简洁易用的用户界面

不规则的撞色色块排版，将下单和查询两类功能清晰划分开，更利于用户操作。趣味下单、持语音下单、快速下单多种选购方式。

2. 灵活可控的订单管理

在结算中心，可以自定义配送时间、地址。哈哈镜支持“即时到货”、“24小时送货”，全程冷链以确保货品新鲜度。

3. 鸭脖界的SNS

哈哈镜可谓用心，“哈粉生活”栏目里，不仅可以详细了解菜品，更能与哈粉互动。

android

ios

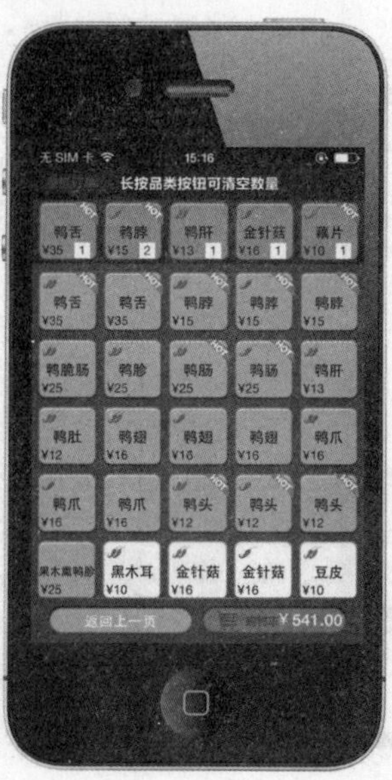

下厨房——唯有美食与爱不可辜负

这个抓住“家庭主要支出决定者”为主要用户的应用，这个据说同类应用体验第一的应用，从第一天开始，就坚持创新，坚持在体验上提供更流畅、更自然、更智能的发现美食的体验，改变家庭厨房的未来，输出不可替代的价值。没有八大菜系、没有地域划分。下厨房更愿意通过收集煮夫煮妇们每天的饮食喜好形成分类，结合时令专题帮助每个人找到属于自己的口味。

1. 贴心的购物清单

开始准备烹饪的时候发现少了一种食材是一件忧伤的事情，所以，每次逛菜场的时候经常都会看见一些人拿着小纸条、手机备忘录找食材，下厨房可以根据你要做的菜谱，把它们列入到购买清单，并且帮助你区分主料和辅料，对于不需要购买的材料还能删除。

android

ios

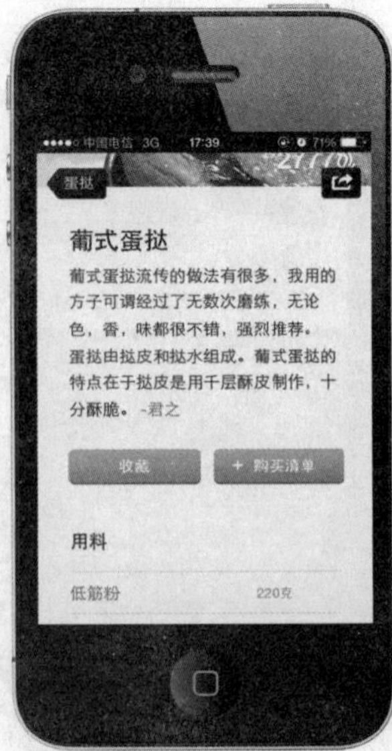

第四章 母婴乐园

android

ios

客户端名称

婴幼儿用品

主营业务介绍

生产电子、电脑、通信及家电用新型仪表接插件，片式元器件及光电子元器件等产品。

企业法人谈移动互联网

互联网是全球性的，这种“全球性”并不是一个空洞的口号，而是有其技术保证的。移动互联网作为互联网的延伸，它更是全球性乃至全民性的。婴幼儿行业作为朝阳行业，时刻有新用户的诞生，与移动互联网相结合后，不仅体现行业发展的先进性，也体现其发展的迅速。

客户端名称

婴童网

主营业务介绍

婴幼儿奶粉的佛山地区总代理商，包括婴幼儿奶粉、保健用品、玩具、孕妇用品等千余种产品。

企业法人谈移动互联网

我个人对移动互联网的未来还是非常看好的，近几年移动互联网的发展非常的迅速，我们的工作，学习，娱乐，交流，购物都离不开移动互联网。移动互联网在短短几年时间里，已渗透到社会生活的方方面面，产生了巨大影响。

我是做婴童行业传统生意的，这几年确实感觉到传统生意不好做，特别是人力成本的大幅增加以及租金的上涨等因素，还有网购的影响，让传统企业苦不堪言。而移动联系网是推动 O2O 实现闭环的重要条件，颠覆了传统行业的营销模式。

对于企业而言，APP 客户端能够解决公司项目来源不稳定、服务能力有限、企业规模和渠道无法突破的因素，为企业的移动互联网发展提供有效率而又低成本的服务。

android

ios

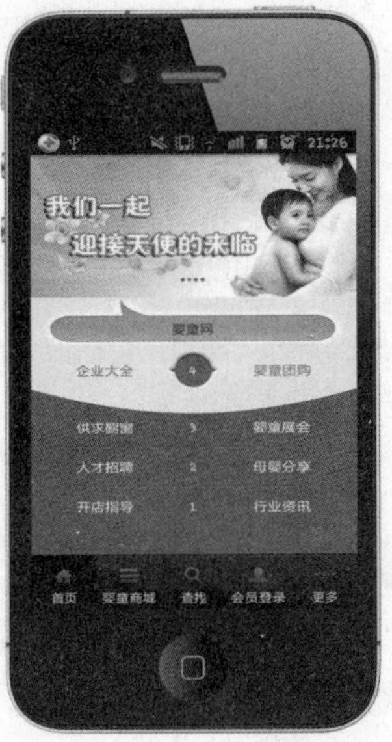

客户端名称

浙江童装

主营业务介绍

各类消费品、服装、童装、婴幼儿服装等。

企业法人谈移动互联网

接触互联网多年，从网络网页开始了解世界。现在已经运用互联网为公司的发展做好基础，网络时代电商势不可挡。如果没有互联网，信息还是不够有效快捷，商品经济全球化浪潮和网络密不可分。今天谁能够更有效更快速地使用网络为自己服务，谁就能占领未来市场的先机，当然当前电商已经为我们企业和客户们带来很多便利和营销渠道，让市场了解我们，让我们走向更为广阔的市场，离开不了互联网和无线移动数据网。足不出户，谁与争锋？

android

ios

客户端名称

儿童服装

主营业务介绍

婴儿服装、幼儿服装、小童服装、中童服装、中小学的校园服装。

企业法人谈移动互联网

国内童装市场的格局大致是，国内国外品牌各占国内市场的一半。虽然有分别在一二类或三四类市场表现不俗的童装品牌，也有在各个区块各领风骚的区域童装品牌，但童装品牌集中度并不高。与移动互联网的结合相信将很快打破这种局面。因为移动互联网能够以最便捷的方式、最快的速度传播其搭载的信息，这对于童装品牌企业来说是最重要的部分。牵手移动互联网，共同开创我们童装行业的新天地。

android

ios

android

ios

客户端名称

母婴会所

主营业务介绍

经营钢丝切方机、剖锭机产品。

企业法人谈移动互联网

“移动改变生活”，移动互联网给人们的生活方式带来翻天覆地的变化。越来越多的人在购物、用餐、出行、工作时，都习惯性地掏出手机，查看信息、查找位置、分享感受、协同工作……数以亿计的用户登录移动互联网，在上面停留数十分钟乃至十多个小时，他们在上面生活、工作、交易、交友……这些崭新的人类行为，如同魔术师的手杖，变幻出数不清的商业机会，使得移动互联网成为当前推动产业乃至经济社会发展最强有力的技术力量。

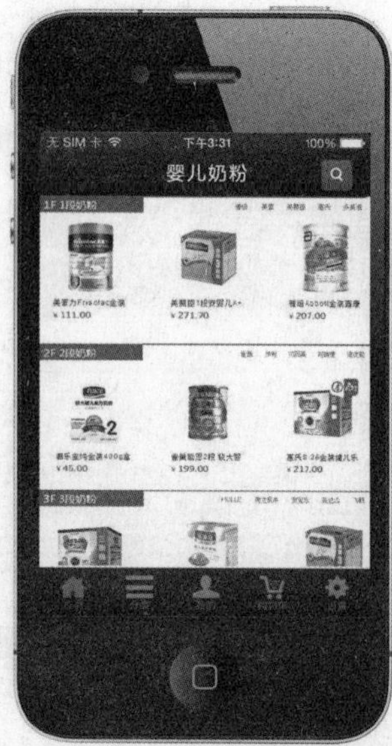

客户端名称

亲子早教网

主营业务介绍

幼儿的蒙氏数学、拼玩识字、便易速算、清华英语、花鼓灯舞蹈等。

企业法人谈移动互联网

移动互联网是一个必然趋势，信息社会时代需要更广泛的信息来源、更便捷的交易平台、更经济的运营成本，为各大实体企业提供便捷专属的宣传空间及信息集散中心。亲子早教行业更需要依靠移动互联网线上发展推动，“亲子早教”的线上发展必将为教育早教行业带来全新营销的时代变革，也必然推动全国早教行业快速走进“移动”线上时代。

android

ios

android

ios

客户端名称

婴幼儿用品导航

主营业务介绍

生产电子、电脑、通信及家电用新型仪表接插件，片式元器件及光电子元器件等产品。

企业法人谈移动互联网

互联网将成为下一个信息高速交换时代的基本载体，传统的通信交往都将转移到互联网，并形成各自相对独立又高度融合的产物，比如传统的电话，有线电视，手机网络，都有可能进入互联网，从而产生更大的互动和交互。那个时候手机就是一台实时联网的掌上电脑，我们可以聊天、玩游戏、查阅东西等，也可以在数字知识库里寻找自己学业上、事业上的所需，从而帮助我们的工作与学习。

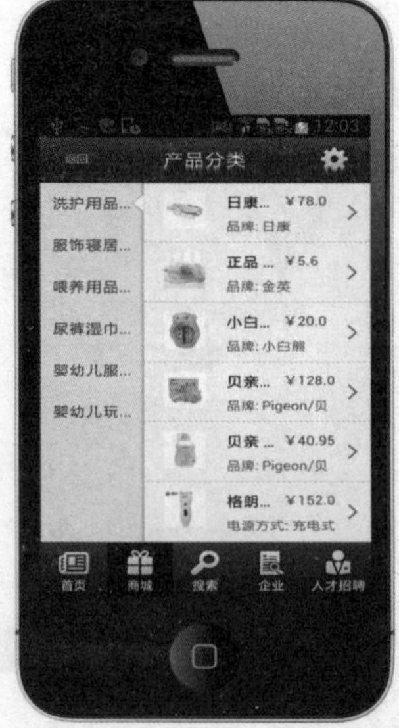

客户端名称

幼教

主营业务介绍

钢丝切方机、剖锭机。

企业法人谈移动互联网

移动互联网是互联网的一个延伸，如今手机已经成为我们生活必不可少的工具，像淘宝、聚美优品已经成为时代的象征，因此希望利用移动终端带动我线上线下的生意圈。天下互联也是互联网的领头羊，我相信和他们合作会使我的生意更上一层楼。幼教行业的前景，我非常看好，再结合天下互联的实力，我相信，我们的幼教客户端能成为行业巨头！

android

ios

android

ios

客户端名称

婴幼儿导航

主营业务介绍

生产电子、电脑、通信及家电用新型仪表接插件，片式元器件及光电子元器件等产品。

企业法人谈移动互联网

移动互联网是信息时代的一个重要产物。使用电脑，站起来关系就脱离了，只有手机第一次跟人体连在一起，内置摄像头、传感器、麦克风都可以成为人们在网络世界里面的眼、鼻、口、耳，甚至你的触觉跟颜色，都可以通过移动互联网与你的朋友连在一起。计算机的终端变成了人随身的一个器官。因此，将实体产业同移动互联网相结合，便是将企业和用户最紧密地连在了一起。

第五章 行业集萃

客户端名称

建筑工程

主营业务介绍

附着式升降脚手架设备研发制造，附着式脚手架工程专业承包、建筑工程施工、劳务总包、建筑装饰装修专业承包等。

企业法人谈移动互联网

移动互联网走进千家万户，希望移动互联网越办越好，给我们带来购物、查询、沟通、学习等等交流平台。移动互联网随时随地陪伴着千千万万人，使我们生活得更方便。我更希望移动互联网把我们中小企业带动起来，把信息化政策真正公正的实施到位，推动中小企业实现真正意义上的效益，为社会做出贡献。建筑工程客户端的开发，使用户在享受信息科技发展最新成果的同时获得最大的收益，为推动信息产业的发展、促进知识经济的崛起做出卓越的贡献。

android

ios

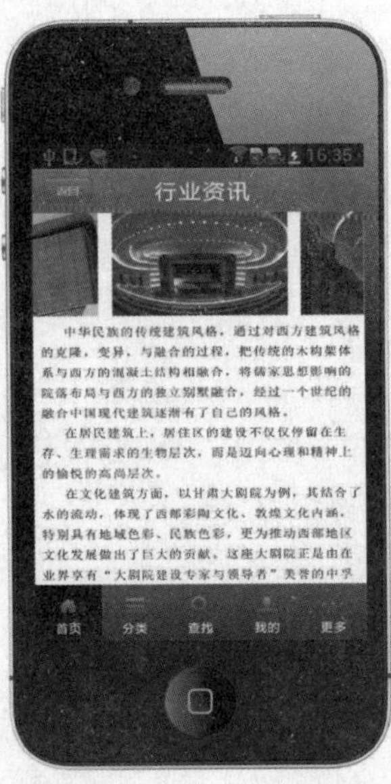

客户端名称

木材在线

主营业务介绍

主营：地板、墙壁板、集成材、板材、地板、楼梯板、扶手、墙壁板、四面刨光材、间柱、大方、枕木、橱柜门及成品实木家具等。

企业法人谈移动互联网

我从事传统行业已有30年了，对企业经营有一定的了解，并且企业一直经营得很好。但随着信息技术的进步以及互联网的迅猛发展，传统企业也面临并且需要改革、创新，与时代接轨。21世纪的我们，要想成为为行业的佼佼者，除了有过硬的产品质量、创新的管理理念，还必须有移动互联网的支撑。相信在天下互联的实力和技术的支持下，木材在线客户端一定能做好，做得更强大！

android

ios

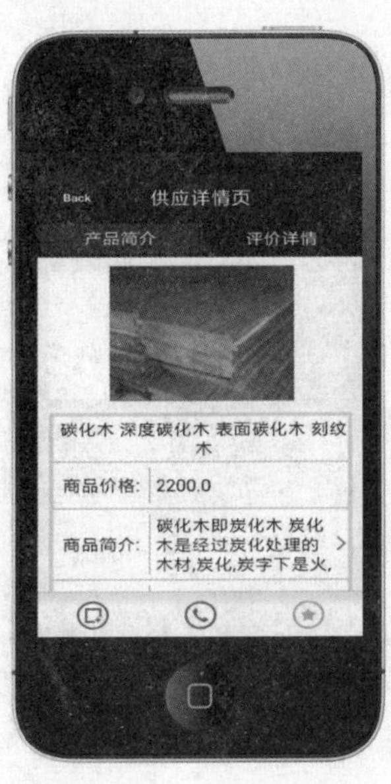

客户端名称

无缝方管

主营业务介绍

钢材、钢管、五金交电、电线、电缆、建筑材料、装饰材料、电子产品销售、室内装饰、经济信息咨询、企业策划。

企业法人谈移动互联网

未来的 10 年，互联网发展最快的地区将会是发展中国家。据互联网世界（Internet World）的统计数据：目前互联网普及率最低的是非洲地区，仅 6.8%；其次是亚洲（19.4%）和中东地区（28.3%）；相比之下，北美地区的普及率则达到了 74.2%。这表明未来互联网将在地球上的更多地区发展壮大，而且所支持的语种也将更为丰富。这些数据也意味着将有更多的行业、企业通过互联网获得信息的互换，获得合作的机会。

android

ios

android

ios

客户端名称

稭杆建材

主营业务介绍

本公司专业从事稭杆建材的研发、生产、营销；代理彩瓦模具，生产设备，喷涂材料；转让技术；网络招商、代理广告等业务。

企业法人谈移动互联网

随着互联网、移动互联网的高速发展，电子商务、发展 3G 是企业自主创新能力、产业竞争力、产品市场化提升的重要手段，也是企业应对经济危机、市场风险、产品质量、企业效益的营销载体，具有重要的推动作用和深远的现实意义。2010 年以来，本公司结合从事新型节能环保建材——稭杆建材的开发、生产、营销，从信息化规划发展中，找到了新的发展商机，3G 智能手机应用。2010 年 8 月，成功注册了“稭杆建材”全国地标，建立了手机 3G 网站；2011 年 12 月又注册了“稭杆建材”域名证书 8 个；2013 年 6 月又注册了“稭杆建材”手机客户端（APP）行业版双系统；2013 年 10 月注册了 12112 信息名址证书。特别是 APP 的成功上线，大大提升了本企业的产品知名度，提高企业的声誉。因此，移动互联网已成为企业参与市场竞争的新途径。信息化是社会发展的必然产物，商机无限。移动互联网的发展无疑为中国各行业企业提供了非常好的发展契机。

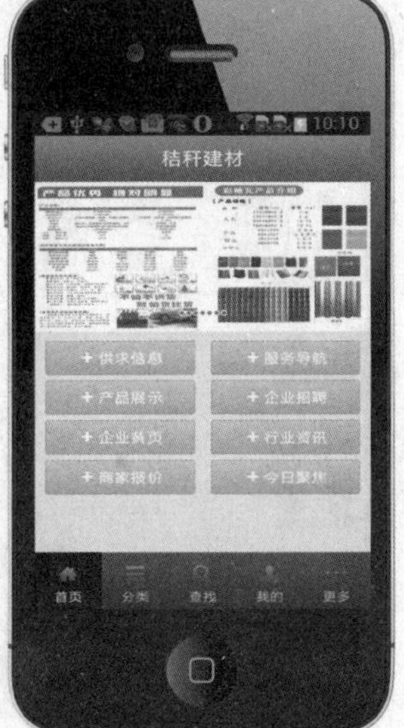

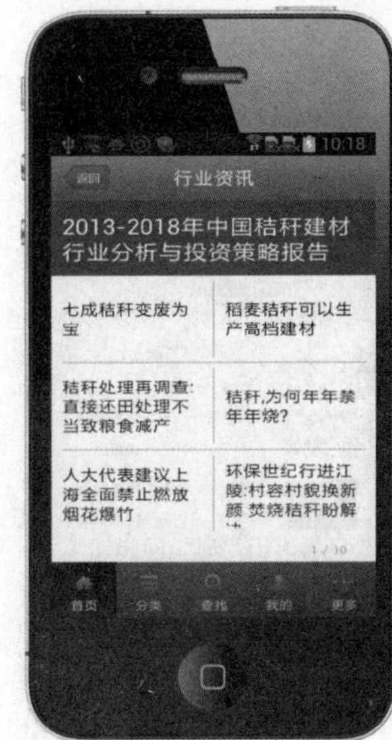

客户端名称

陶瓷家

主营业务介绍

主营建材陶瓷、卫浴陶瓷等进出口贸易。

企业法人谈移动互联网

当今中国移动互联网的前景发展势头迅猛。近年来 APP 客户端充当了移动互联网的主流，极大程度上让客户端渗透到移动智能设备上，快速进入界面的便捷效果。随着移动网民的激增，必然带来移动互联网应用软件的大量开发投入和激发 IT 行业新的浪潮。它的发展趋势必将对各行业产生巨大影响，给中国带来新生科技含金量，也同时影响着全球发展，也是世界上发展速度最快的国家之一。

陶瓷家 APP 客户端正是充当着移动互联网市场发展趋势的桥头堡作用。陶瓷家 APP 客户端向大众呈现出至高无上的境界感受，在线的互动 O2O 形式和在线的支付功能，让其发挥到淋漓尽致，让指尖上的画面梦想成真。

android

ios

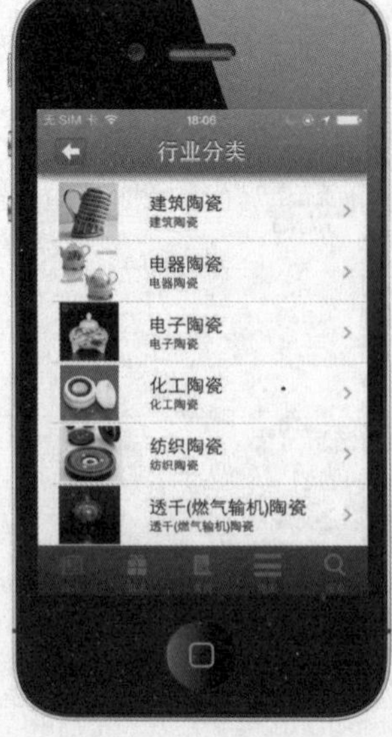

客户端名称

房地产门户

主营业务介绍

房地产项目策略、项目策划、可行性研究。

企业法人谈移动互联网

走向移动互联网是大势所趋，天猫、百度这些抢先布局移动互联网的企业已经尝到了甜头，不仅赚到了吆喝，也实现了盈利。一方面，互联网影响着每个人的工作与生活，其已成为人们生活不可或缺的组成部分；另一方面，移动互联网发展已势不可挡，在中国，手机已经无处不在，中国 3G 商用进程的加速推进，使移动互联网活跃度日渐提升。

android

ios

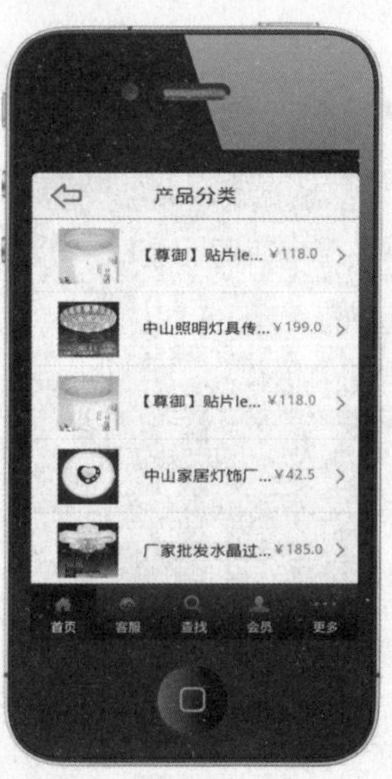

android

ios

客户端名称

钢材信息

主营业务介绍

主要提供钢材行业内的新闻资讯、行业动态等内容服务。

企业法人谈移动互联网

张林华指出，在 3G 移动互联网的应用越来越广的今天，钢材信息产业要向抢占 3G 互联网市场先机，不能仅依靠传统单一的营销模式，应充分利用移动网的特性，线上线下有效结合运营，从而形成完善的无线网络营销体系，这样才能够将 3G 互联网领域的潜在客户全部吸引到自己的客户端上，丰富的产品知识及行业资讯则是留下这些客户的重头戏。作为钢材行业的专业人士，我们有内容、有产品，结合有效的运营模式，我们的客户端就一定能经得起时间的考验，经得起市场的筛选洗礼。

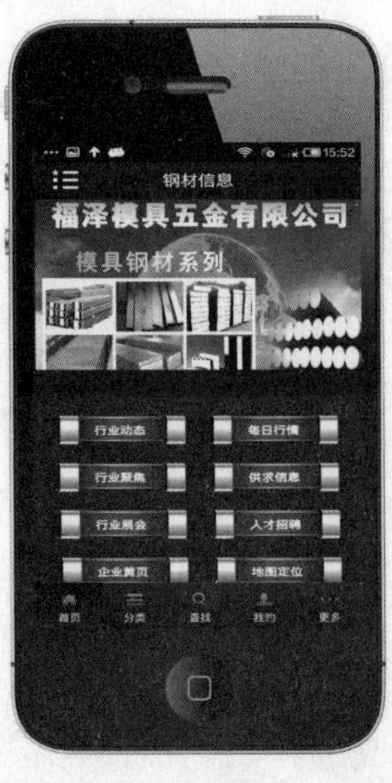

客户端名称

陶瓷网

主营业务介绍

主营微晶石、抛光砖、釉面砖、仿估砖等地砖和墙砖，适用于建筑工程、家庭装饰、酒店办公等。

企业法人谈移动互联网

随着智能手机和平板电脑的普及，移动互联网的发展速度让业内人士始料未及，截至 2013 年 6 月底，中国移动互联网人数已达到 6.48 亿，且仍在飞速增长。我国手机网民人数已达到 3.88 亿，占中国网民总数的 75%。如此的发展速度，如此庞大的用户群体，企业必须思考如何在移动互联网浪潮中占据一席之地，并能快速找到方法。

android

ios

android

ios

客户端名称

园林绿化网

主营业务介绍

房屋建筑、室内外装饰、景观亮化、园林、古建筑设计、施工、绿化养护、苗木花卉产销等。

企业法人谈移动互联网

随着移动互联网的兴起与成熟，移动互联网也为园林绿化网提供了新的时代。在当前和谐社会逐渐被提上日程的今天，良好的生态环境也逐渐成为了人们关注、关心的热点，对于像园林绿化这样的行业也开始更加尊重、保护自然资源。因此，在设计上的难度也逐渐增加，更好地倾听同行业者以及游客们的心声也成为了当前古典园林设计师们的共同夙愿。那么，一个能够促进三方相互交流的平台的建设就显得相当重要。

客户端名称

江苏建筑

主营业务介绍

工程队，楼盘代理及其他建筑行业业务。

企业法人谈移动互联网

信息科技飞速发展，并且一步步地深入人们的日常生活，也改变着很多人的阅读习惯、获取信息习惯、消费习惯等行为习惯。非常看好移动互联网的发展。移动互联网市场发展蓬勃，我们要想在众多的客户端中脱颖而出醒目而又专业的 LOGO 必不可少。“江苏建筑”的 LOGO 便是简洁中又凸显行业特性，足见我们的重视以及对移动互联网投入的精力与关注。希望客户端能给我们带来更多的客户，让建筑行业有更飞速的发展。

android

ios

客户端名称

女性用品网

主营业务介绍

人防工程建设。

企业法人谈移动互联网

针对互联网信息化发展，对于刚涉及这个网络的人来说，我们应该跟着这种发展走，跟着趋势去发展。互联网技术自发明以来已经走过了40多个年头，今天的互联网上活跃着黑客攻击，多媒体音视频下载应用，移动应用等多种元素。移动互联网，就是将移动通信和互联网二者结合起来，成为一体。移动通信和互联网成为当今世界发展最快、市场潜力最大、前景最诱人的两大业务，它们的增长速度都是任何预测家未曾预料到的，所以移动互联网可以预见将会创造经济神话。

android

ios

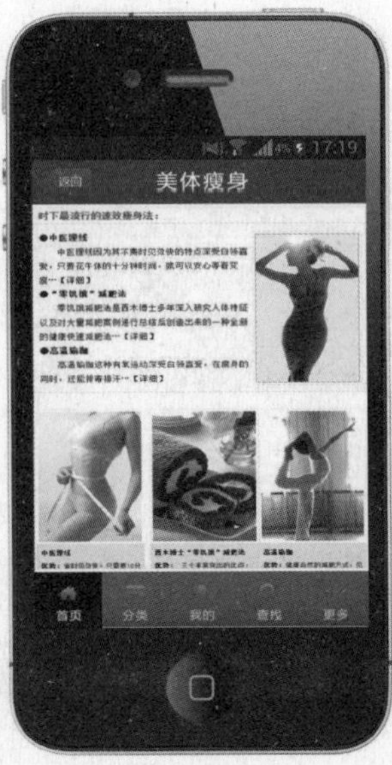

客户端名称

中国房地产

主营业务介绍

房地产开发与销售，电子产品的销售，社区菜篮子工程的建设和新建商品房商业信息化配套。

企业法人谈移动互联网

随着宽带无线接入技术和移动终端技术的飞速发展，人们迫切希望能够随时随地乃至在移动过程中都能方便地从互联网获取信息和服务，移动互联网应运而生并迅猛发展。开发和利用移动互联是中国网络发展的必然，是拓宽电子商务市场的大势所趋，企业抓住这一有利的发展机遇开发了 APP 产品，在未来的开发和利用中致力于与房地产开发配套，打造商务贸易平台。

在科技高速发展的背景下，人们的生活也随之而改变，同样包括人们的消费习惯。回首一下，从长期的传统线下购物，到近年来的网络购物，再到如今炙手可热的移动购物，人们的购物方式发生着天翻地覆的变化。无疑，时代和科技的变革让消费方式变得多元化。

android

ios

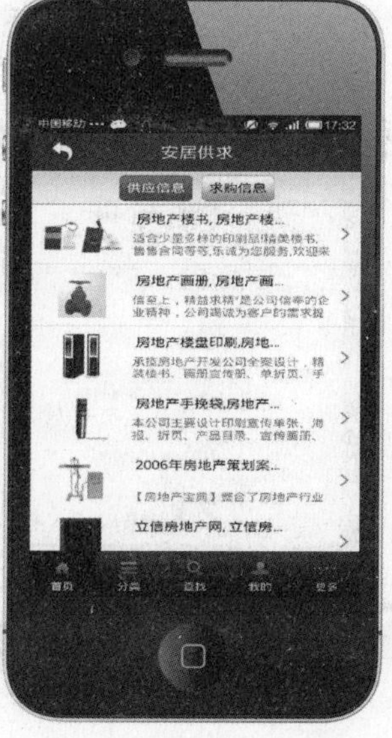

android

ios

客户端名称

海南装修公司

主营业务介绍

承包室内外装饰设计及施工；广告设计、制作、发布；水电工程设计及安装；室内外防水涂料。

企业法人谈移动互联网

从当前的需求端来看，新型城镇化带来了新的需求，海南装修公司进入互联网，实现行业的转型升级，也满足了更多消费者需求。更广阔的市场，更庞大的消费群，跟随时代的消费形式，未来的发展前景也是非常的广阔。在更多的传统行业进入到互联网的平台的同时，装修行业也在互联网的浪潮中发展迅猛。

客户端名称

水泥制品网

主营业务介绍

环形预应力混凝土电杆、环形钢筋混凝土电杆、15米大弯矩电杆等。

企业法人谈移动互联网

移动互联网的未来是非常广阔的，尽管外界认为三大平台已经形成，在平台已经有的领域里，包括手游和电商，创业者做好平台的补充是最好的。“水泥制品网”客户端就是一个平台，一个拉动实体企业的平台，一个为实体企业提供宣传、展示、交流机会的平台。这个平台同时又是一个桥梁，是搭建在实体企业与广大潜在用户间的桥梁。

android

ios

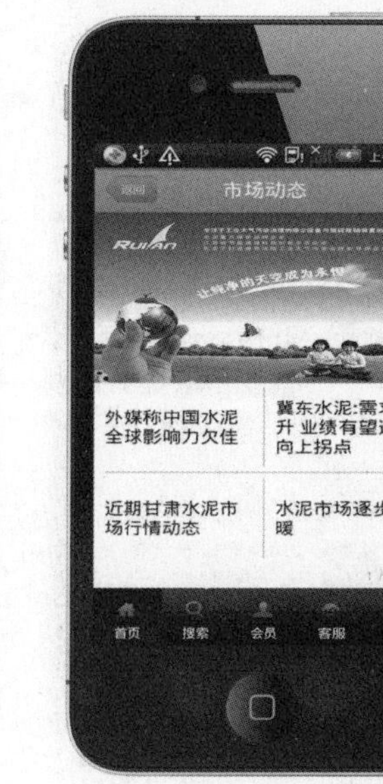

android

ios

客户端名称

公共安全设施

主营业务介绍

各类交通信号灯、道路标牌、标线及其他交通设施的设计、制作、施工、销售，水电冷暖、设备的安装等。

企业法人谈移动互联网

移动互联网拥有广阔的前景，对互联网企业来说，可谓是一块巨大的蛋糕，谁都想抢先进入这个市场，赢得先机大咬一口。由此可见，对移动互联网行业市场与用户的争夺将愈演愈烈，而这些潜在的用户拥有着与以往不同的特点，也使得互联网企业的下一步战略将面临更多的挑战。我们作为实体企业也要跟随时代的步伐，通过移动互联网开辟属于我们的新天地。

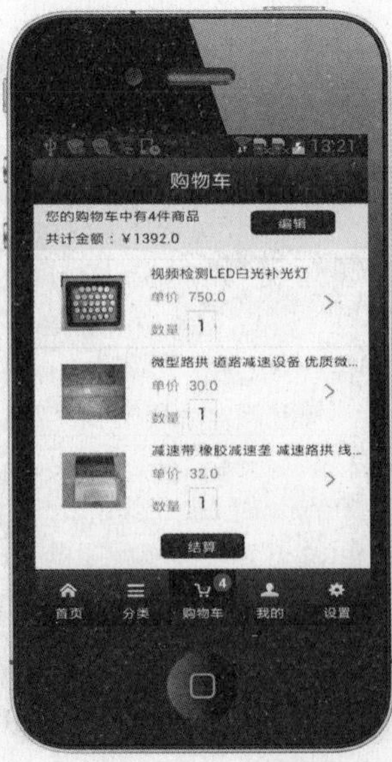

客户端名称

食品包装袋

主营业务介绍

主要生产经营各种：复合袋，食品包装袋，吊卡袋，自封袋，信封袋，背心袋，泡沫袋及各种封箱胶带。

企业法人谈移动互联网

宁波华康印刷有限公司的 CEO，同时也是“食品包装袋”手机客户端的创始人顾卫东表示，近年来人们生活水平的提高也引发了对食品安全的高度关注，尤其是食品安全事件频发，也引发了人们对食品包装的关注，食品包装也演变成了一种品牌营销大于产品营销的趋势，公司推出的“食品包装袋”客户端不仅让产品打开了新的市场，拓宽了营销渠道，同时也为企业知名度的扩大贡献了巨大的力量，企业的品牌影响力也逐渐提升。

android

ios

客户端名称

油漆供应商

主营业务介绍

导电漆、塑料漆、弹性漆、油漆、金属漆等。

企业法人谈移动互联网

团购的快速出现、电子商务的成长、游戏的发展已经成为大流，见证了中国互联网的潮流互联网已经发展到移动化。移动互联时代的到来必将彻底改变互联网普及率的问题，互联网会进入到60%的中国人面前。生活消费、电子商务、搜索和社交游戏将成为将来互联网领域最为强大的市场。

android

ios

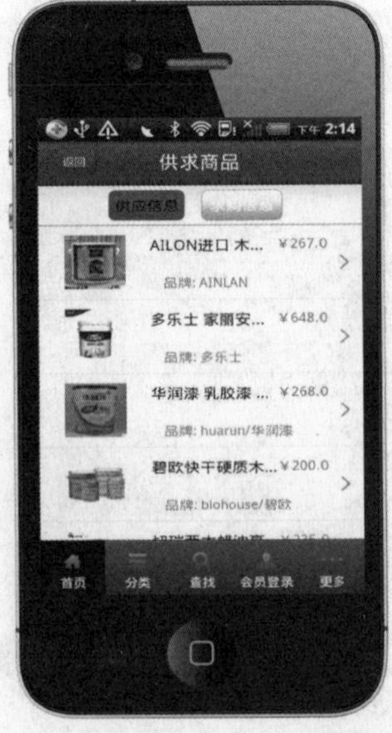

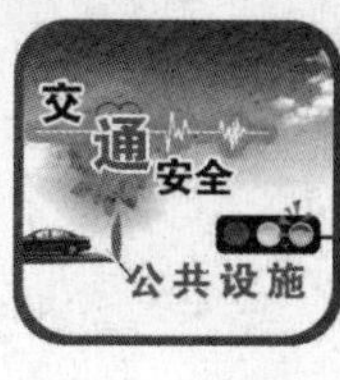

客户端名称

交通安全设施

主营业务介绍

交通信号灯、道路标牌、标线及其他交通设施的设计、制作、施工、销售，水电冷暖、设备安装等。

企业法人谈移动互联网

在社会生活任何一个地方，都有一个双向交流的网络存在，以前不可想象，但移动互联网时代，随时随地、如影随形这件曾经不可能想象的事成为可能，这也让大量需要即时的业务和通讯成为可能。今天几乎每一个新闻事件都可能被马上发到微博上，每一个事件都可以在第一时间传播，这就是移动互联的特性之一。

android

ios

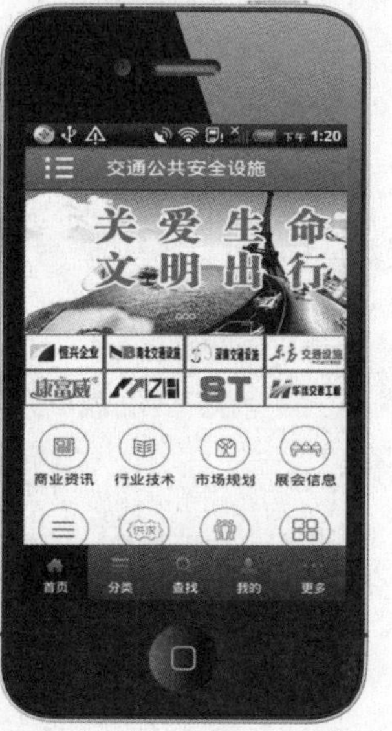

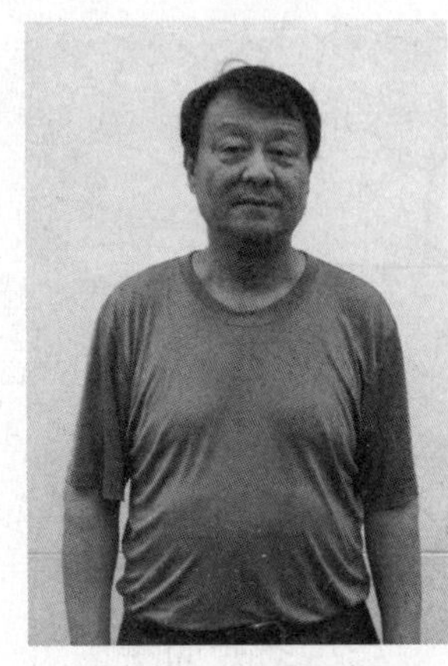

android

ios

客户端名称

女人用品

主营业务介绍

人防工程建设。

企业法人谈移动互联网

1. 社交方式和生活方式将发生改变：由于智能能终端有 LBS 功能和随时随地使用的方便性，所以各种社交类应用和生活类应用站将成为主流应用，同时手机地图将成为必备应用。

2. APP 为王：由于智能终端的随时随地使用的方便性，会诞生出各种五花八门的应用以满足人们的生活、工作、娱乐的需求。

3. 数据问题：移动互联网时代，数据量会越来越大，但智能终端的运算能力有限，所以解决数据的储存和运算是一个待解决的问题。

客户端名称

建筑材料

主营业务介绍

为各行业企业提供广告、供求信息、展会行业资讯的发布，并支持商品交易等服务。

企业法人谈移动互联网

互联网改变了世界，是一场革命。移动互联网又进一步将革命推向了高潮，推向了一个新的起点。十多年前，人们都必须到市场上买卖建材产品，即传统的商业模式，将很多精力花在购买商品上。几年后，互联网出现了，人们知道了利用互联网来进行商品交易，即电子商务，但必须在家里或办公室里，并且必须具有上网的条件。而今天，随着手机的普及，人们可以用手机上网，可以通过手机购物，这便是移动电子商务。随着移动互联网的进一步发展，这里的商机将会越来越多。

android

ios

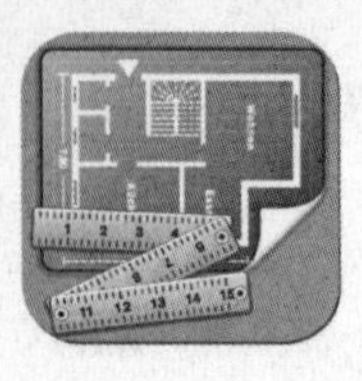

客户端名称

中国建设

主营业务介绍

“中国建设”手机客户端平台，为广大建筑业本身及与之相关的装潢、装修等行业企业商家提供广告发布、供求信息发布、人才招聘等服务。

企业法人谈移动互联网

在最近几年里，移动通信和互联网成为当今世界发展最快、市场潜力最大、前景最诱人的两大业务，它们的增长速度都是任何预测家未曾预料到的。3G、4G时代的来临，意味着手机将享受更高速的数据传输服务，可以更好地实现在全球范围内的无线漫游。3G时代造就了“移动商务应用领域”，这是对“传统商务应用”的扩展，将会为企业带来巨大的商机。移动互联网发展趋势无法阻挡，各行业正迎来移动互联网蓬勃发展的时代，产业链各个环节都要适应市场需求的转变。发展移动互联网是大势所趋，顺应潮流。

android

ios

第六章 工艺制造

android

ios

客户端名称

废金属回收

主营业务介绍

各种废金属回收、销售、再利用。

企业法人谈移动互联网

越来越多的人希望在移动的过程中高速地接入互联网，获取急需的信息，完成想做的事情。作为登入移动互联网最便捷的方式，手机客户端扼守着移动互联网的第一入口，在营销推广上具有无可比拟的优势。在国内，淘宝、凡客、京东等大型企业已经早早开始了手机APP营销，而其他企业也在相继跟进。有分析指出，通过手机APP进行营销已经逐渐成为移动互联网营销的新趋势。在移动互联网的竞争中抢占先机。这一蓝海市场的巨大前景，也吸引了许多中小企业跃跃欲试，中小企业能够借助手机APP这一营销新机遇，实现针对目标客户群体的高效率精准营销。

客户端名称

矿山设备

主营业务介绍

主要从事矿山设备和选矿技术的研制和开发。

企业法人谈移动互联网

互联网的出现，为世界带来了巨大的变化，移动互联网的产生更加快了世界进步的步伐。4G 移动互联网在我国的建设成功，将会给我国的经济建设带来巨大的革命，给我国的人民带来福祉。我是通过北京天下互联科技公司介绍，最早加入移动互联网行业的，通过这些年网站建设和运营，使我们获得了高新技术的迅速推广和极大的经济收益，其效果远远超过了任何形式的推广措施，达到我们所希望的效果。我们相信通过北京天下互联信息科技公司的比特云网络数据营销技术建设的网络平台，将会获得更大的经济效益。

android

ios

客户端名称

专业医疗器械

主营业务介绍

主营医疗器械商品，代理单位20余家，经营品种达3000多种，如指示卡、指示胶带系列产品；手术器械、医电超声多普勒胎心音仪等。

企业法人谈移动互联网

在蓬勃发展的移动互联网背景下，传统企业如果没有与互联网相结合是很难生存下去的，错过了互联网，就错过了很多商业机会，甚至连生存都会很困难。对于移动互联网的未来，从业者都认为，虽然移动互联网上的入口很多，但人们寻找信息的需求永远存在。尤其是当移动互联网上的内容多了起来之后，人们会越来越离不开移动互联网。在移动互联网早期，由于WAP内容有限，很多内容都来自PC端，说白了就是通过手机上互联网。而在智能机普及之后，移动互联网的生态发生了很大的变化。随着3G、4G、WIFI等移动网络环境的变革，APP（客户端）的出现就代表了这样一种趋势，通过APP就可以满足用户的一些需求。

android

ios

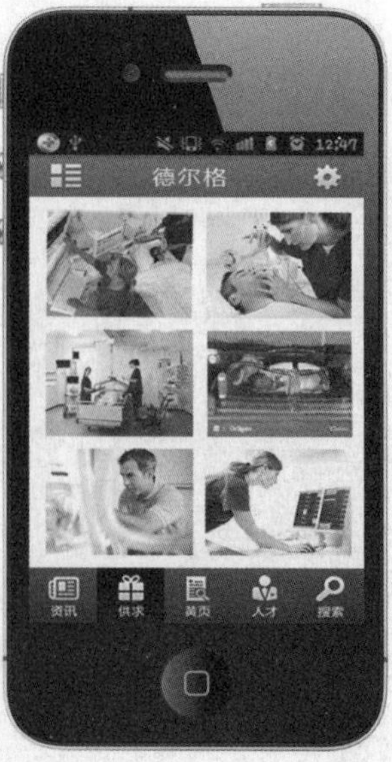

android

ios

客户端名称

保温网

主营业务介绍

节能科技领域的技术研发及转让，保温制品的制造、加工及销售。

企业法人谈移动互联网

在移动互联网快速发展的时代，传统展会营销模式正面临着巨大挑战。等待创新的是如何在移动互联网时代里，更快速、简便地就能了解各行各业展会新动态。何况 2014 年 4G 网络牌照已发放，移动互联网网民必会大幅增涨，届时移动互联网将是发布展会信息的主要投放地，日后通过手机端了解各行各业动态的人会越来越多，这么大规模的市场，何尝不是一种新的营销途径。实体经济以后要发展离不开移动互联网的结合。我们传统行业要抓住机会，利用好移动互联网创造新的商业机会，成功转型才不会被淘汰。

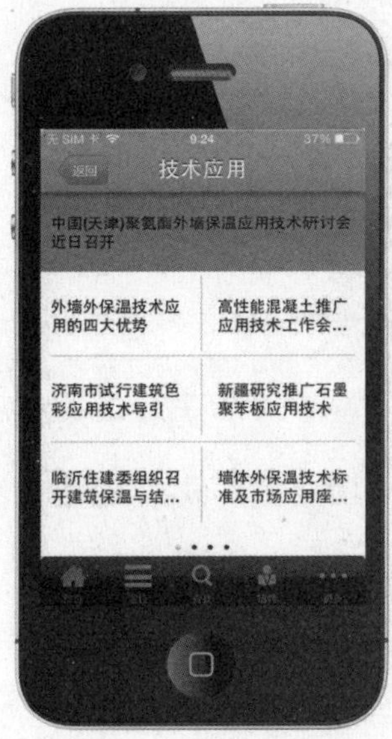

客户端名称

灯芯绒

主营业务介绍

吴江市春业织造有限公司是一家专业生产各类家纺面料为主的企业，以灯芯绒系列、仿麻布系列和阳离子色丁系列的白坯和成品的生产销售为主。

企业法人谈移动互联网

随着智能手机的普及、3G及超3G时代的到来及各种应用的推出，在产业链各方的推动下，互联网已经从电脑走向手机及其他移动设备。这些是时代进步科技发展的产物，所谓适者生存，只有适应时代潮流，才能立于不败之地。作为实体企业也要勇敢迈进这股科技潮流中，最终扩大企业在行业内影响，扩大市场，收获利益。

android

ios

客户端名称

缝纫机零配件

主营业务介绍

缝纫机零配件生产、经销等企业的聚集地。

企业法人谈移动互联网

目前的移动互联网领域，仍然是以位置的精准营销为主，但未来随着大数据相关技术的发展，人们对数据挖掘的不断深入，针对用户个性化定制的应用服务和营销方式将成为发展趋势，它将是移动互联网的另一片蓝海。

“缝纫机零配件”客户端秉承稳固与发展，求实与创新的精神，我们热忱欢迎广大商业人士和各界朋友与我们进行全方位的友好合作，让我们能够更好地为客户及其产品在国内，国外市场打开知名度；使国内外企业商能迅速地浏览客户网页及信息，为客户带来无限商机！

android

ios

客户端名称

工艺礼品批发

主营业务介绍

主营产品是树脂烛台、铁件烛台、陶瓷、香味蜡烛、相框系列、工艺灯具、宗教习俗、装饰品、玻璃烛台、家具摆设品、圣诞礼品、工艺配件等。

企业法人谈移动互联网

我国移动互联网仍处在初级阶段，并且我国的移动互联网业务市场的发展仍集中在少数业务上，但是，我国移动互联网业务种类增长十分迅速，其中，主力收入型业务包括手机游戏、移动音乐、移动 IM、手机视频等，这些业务已呈现出快速增长的势头。而手机电视、移动支付、移动广告、移动电邮、位置服务、二维码等新业务也不断推出，整个产业呈现出繁荣发展的景象。移动互联网业务发展到目前为止，业务多元化发展趋势已经非常清晰，移动互联网的初步服务格局已经形成。

我国移动互联网的业务发展呈现个性化、融合化、终端化等特征。终端移动性和私密性、终端功能与业务深度捆绑和融合性、业务多方融合性、用户需求个性等因素使移动互联网的业务与固定互联网和传统移动网不同，其业务发展更强调用户体验的价值。随着技术和产业链的不断成熟，我国移动互联网业务会有更多的创新，市场也将更加繁荣。

android

ios

客户端名称

绝缘护套

主营业务介绍

专业生产AH系列变压器、避雷器、户外开发等接线端头绝缘安全护具。

企业法人谈移动互联网

移动互联网作为当前最热门的网络访问方式，已经成为日常生活中必不可少的组成部分。我国绝缘材料行业经过50多年的发展，已初步形成一个产品比较齐全，配套比较完备，具有相当生产规模和科研实力的工业体系。特别是进入21世纪随着国民经济的快速增长、发电、变电和电机行业迅猛发展，推动了我国国内的需求旺盛的绝缘材料市场。目前，部分产品已经达到较高水平，在国际市场上具有较强的竞争能力，并在21世纪第一个十年后期成为了世界上最大的绝缘材料生产国。

android

ios

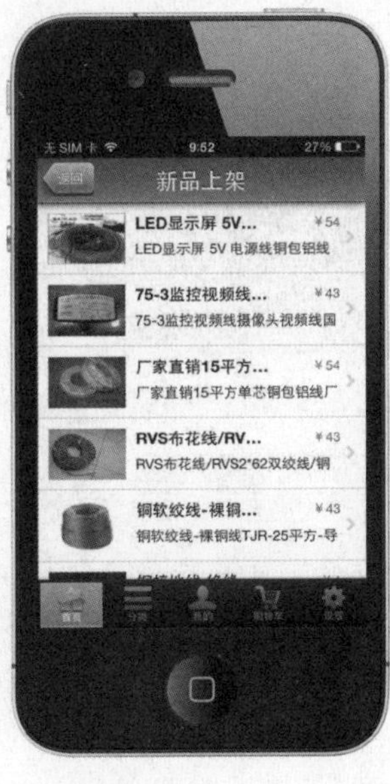

客户端名称

昆山汽车

主营业务介绍

昆山汽车下设汽车报价、维修保养、汽车安全、汽车论坛、汽车文化等方面的内容。每日更新上千条汽车新闻，让你实时了解汽车行业信息。

企业法人谈移动互联网

目前，互联网已经从一条网线连接一台 PC 的时代逐渐过渡到更加便捷、更加小巧的移动互联时代，用户体验变得更有价值。传统汽车在用户体验方面，显然是有欠缺的，驾驶员必须全神贯注观察道路环境，在拥挤缓行状态下容易焦躁。在长途旅行和拥挤的城市交通环境中情况变得更加糟糕。但如果在无人驾驶时代，情况可能发生改变。驾驶员从被“绑架”的状态中解放出来，通过移动终端与世界重新建立联系。

未来互联网对汽车的影响可能与汽车发动机一样重要。在汽车行业，移动互联网将以互联网化的思维方式重新塑造汽车制造商和购买者对汽车的认知方式。汽车制造商将明白原来依靠卖汽车赚钱的思维方式非常受局限，随着汽车用户对信息需求的不断膨胀，汽车行业将从传统的产品销售市场转向信息服务销售份额越来越重的市场，这可能重新点燃公众对汽车的消费热情。

android

ios

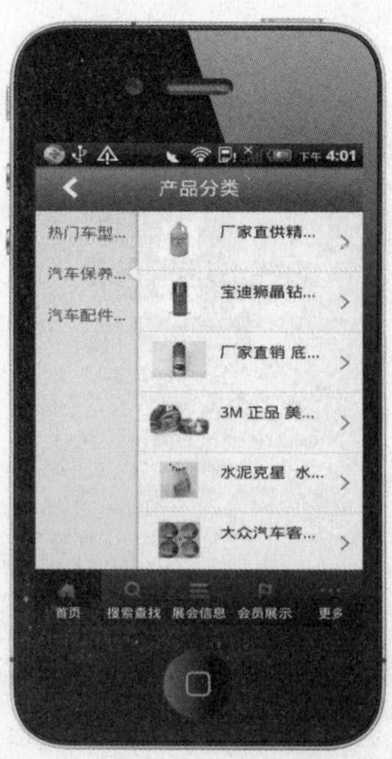

客户端名称

中国塑料商城

主营业务介绍

生产各类汽车、摩托车化油器配件（针阀、针阀座、浮子总成）的专业厂家。

企业法人谈移动互联网

我们多年从事实体行业的工作，在新网络时代浪潮到来的今天，我们的实体行业与网络结合是趋势也是必然，移动互联网更是上网络发展走上了高铁轨道，更快速、更高效地为我们企业，我们行业乃至整个产业带来发展的机会。这样的时机稍纵即逝，所以我们企业毫不犹豫地抓住这个机会，现在与天下互联的合作更让我们对企业的未来、网络化的未来、行业的未来充满信心。

android

ios

客户端名称

汽配汽修

主营业务介绍

主要经营汽车零件配置、维修、改装、维护保养、零件批发。

企业法人谈移动互联网

在最近几年里，移动通信和互联网成为当今世界发展最快、市场潜力最大、前景最诱人的两大业务。它们的增长速度都是任何预测家未曾预料到的。迄今，全球移动用户已超过 15 亿，互联网用户也已逾 7 亿。中国移动通信用户总数超过 3.6 亿，互联网用户总数则超过 1 亿。这一历史上从来没有过的高速增长现象反映了随着时代与技术的进步，人类对移动性和信息的需求急剧上升。越来越多的人希望在移动的过程中高速地接入互联网，获取急需的信息，完成想做的事情。所以，现在出现的移动与互联网相结合的趋势是历史的必然。目前，移动互联网正逐渐渗透到人们生活、工作的各个领域，短信、铃图下载、移动音乐、手机游戏、视频应用、手机支付、位置服务等丰富多彩的移动互联网应用迅猛发展，正在深刻改变信息时代的社会生活，移动互联网经过几年的曲折前行，终于迎来了新的发展高潮。

android

ios

客户端名称

汽配批发

主营业务介绍

主营发动机配件、传动系统配件、底盘配件等。

企业法人谈移动互联网

近几年移动终端用户数量增长迅猛，手机逐渐成为继电视、广播、报刊、电脑之后的全新媒介形式，俗称"第五媒体"，移动互联网发展至今到了一个关键的转折点，由于移动互联网其特有的优势，能对前四大媒体进行有效的整合与补充，所以移动互联网成为大家都看好的金矿。总的来说，移动互联网首先摆脱了浏览器的束缚，通过在手机上安装应用程序的方式来让人们与网络接通，由于没有浏览器的束缚，应用软件可以有更加广阔的开发空间，可以实现各种各样的信息处理和互动效果。再加上手机与人之间只有少量的数据传输，服务器和宽带的压力更小，受到的限制就更小。由于手机的便携性，互联网也将更大程度地走进人们身边，它将因移动终端时时伴随人们身边，直接和间接地帮人们解决各种问题，移动互联网的力量不可小觑。

android

ios

客户端名称

物资网

主营业务介绍

经营镀锌卷板、楼承板 720 型、建筑装饰材料、五金、交电、化工、汽车零部件配件等产品。

企业法人谈移动互联网

传统制造业有着自己历史存留下的生意经，随着信息科技的不断发展，全民对互联网、移动互联网的人事越来越成熟，而传统经销的渠道越来越紧张，利用移动互联网营销平台可以解决这一瓶颈。移动互联网改变了我们的生活，合理的运用移动互联网营销平台可以使自己的传统营销更上一层楼。在移动互联网不断发展，特别是传统企业遭遇到新时代的企业痛处之后，APP 对企业的重要性已经不言而喻了。

android

ios

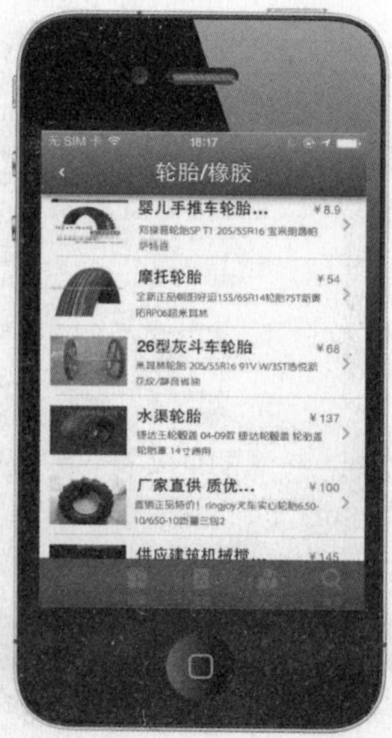

客户端名称

中国油缸网

主营业务介绍

本公司为客户设计，生产各种车辆油缸、工程油缸、工业设备油缸、非标油缸等。

企业法人谈移动互联网

APP 迅速发展趋势是一个全球现象，而作为未来增长的重点区域，中国将表现出更加强大的潜力，尤其是在越来越多的传统企业“觉醒后”，企业手机 APP 开发将水涨船高，尤其是在忠诚度极高的领域，手机 APP 将成为企业抢占移动市场先机的重要手段。

“中国油缸网”APP 的开发，一经上线便受到众多行业企业的赞誉。“中国油缸网”平台在线生成系统“多、快、好、省”的解决方案，为油缸企业搭建了全新的市场互动平台，开拓了新的移动营销渠道，成为整个油缸行业乃至其他行业可借鉴的案例。通过先进移动互联网技术，将成为油缸行业新的移动营销模式，中国油缸网为整个油缸行业提供油缸生产，批发、行情、展会、资讯、招商等其它分类。中国油缸网主要设有商业资讯，企业目录、产品信息、供求信息以及展会信息额定主要栏目，以简单的页面丰富的信息量，深受油缸行业商人的信赖，帮助他们了解最新的求购信息，让众多中小企业受益颇丰，在短时间内迅速得到热捧，目前已成为油缸行业的移动营销利器。

android

ios

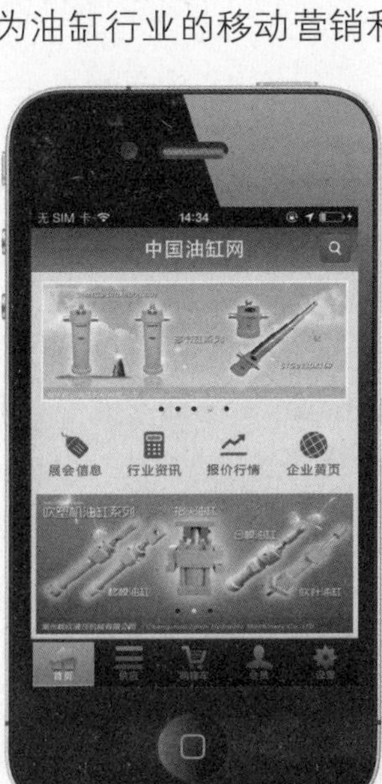

客户端名称

电机网

主营业务介绍

集合机电一体化、机电设备、电机配件；稀土、五金、包钢等产品的设计、生产、销售、售后服务为一体的大型机电设备公司。

企业法人谈移动互联网

移动互联网已经到来，标志着社会与科技的进步，作为一位企业负责人已经深刻的感觉到移动互联网对目前社会与企业的发展带来的巨大变化！紧跟时代的脚步发展互联网带动实体的发展，促进企业线上线下的发展。

一系列的数据表明，移动终端在用户生活中扮演越来越重要的角色，APP也成为用户最常使用的移动应用之一。面对移动互联网的大潮，传统企业如何利用移动互联网让企业的声音传播得更广更远？如何能够更接近客户或消费者？在APP改变人们生活的同时，商家们也对如火如荼的移动应用展开了对其价值的思考。一些敏锐的企业已经看到了利用APP应用进行品牌、产品等信息的发布与推广。无论是电商企业还是传统企业，如果想在未来的市场中不被消费者淘汰，APP移动营销可以说是势在必行。

android

ios

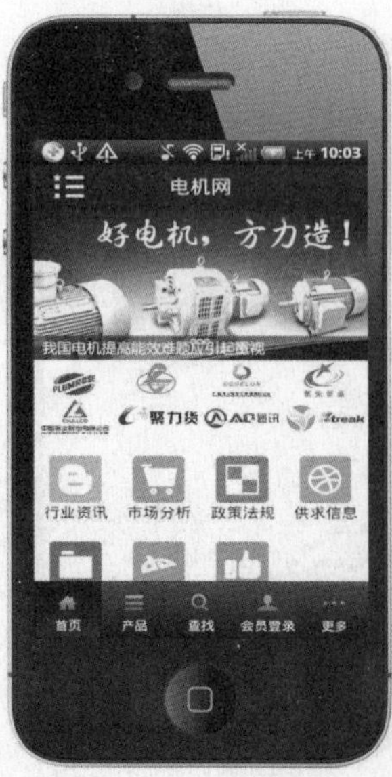

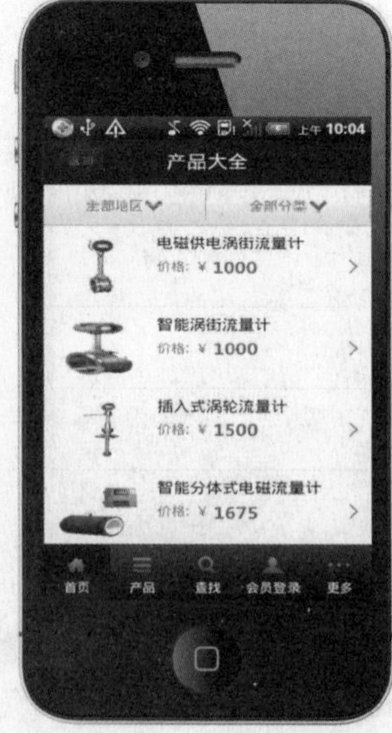

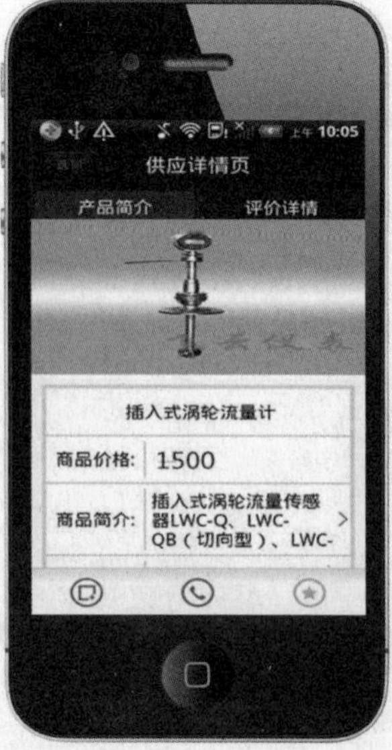

客户端名称

装饰装修门户

主营业务介绍

公司主要生产弹簧，钢丝线材，海绵，床上用品，窗帘布等床垫机器设备。

企业法人谈移动互联网

移动互联网是今后企业发展的趋势，我们要实行企业与移动互联网相结合的方式进行经营，企业才能发展。再次是移动互联网商业模式多样化。随着移动互联网的快速发展，企业不断开辟着新的盈利模式。移动互联网的用途已经涵盖了生活的方方面面，手机不离手的时代，很多支付更多会在手机上进行。而移动社交关于个人隐私泄露等状况，也让用户为之担忧，将来移动互联网的发展必将强调安全与方便于一体，在移动安全方面上衍生出的企业竞争也会更加激烈。

android

ios

客户端名称

保利纺织品

主营业务介绍

主要从事各种纤维的针织面料染整、供应等生产业务。

企业法人谈移动互联网

传统企业想要在行业的激烈竞争当中存活下来是绝对离不开移动互联网带动的。在当下，井喷式的移动互联网发展速度中企业一定要结合移动互联网才能得以生存。

根据最新监测数据显示，2013 年 8 月，综合视频有效浏览时间达 17.3 亿小时，仍为网民有效浏览时间最高的服务；宽频影视有效浏览时间达 10.2 亿小时，位居第二；SNS 服务有效浏览时间达 6.2 亿小时，位居第三，三者合计占总有效浏览时间的 36.9%。作为纺织行业更离不开移动互联网的支持与带动。

android

ios

客户端名称

电动摩托车

主营业务介绍

主要经营大运电动车、五羊－本田、建设雅马哈，大阳摩托等摩托车。

企业法人谈移动互联网

电动摩托车行业在移动互联网的发展仍然被看好，各大企业相继加入移动化发展“大军”之中，该行业在移动互联网的盈利模式虽仍在探索，但可以预见的是，未来电动摩托车行业将借助移动互联网优势，拓展更大的盈利空间，取得更为长远的发展。

android

ios

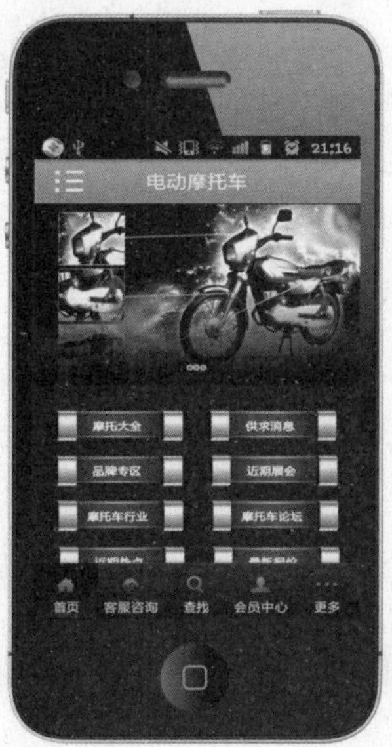

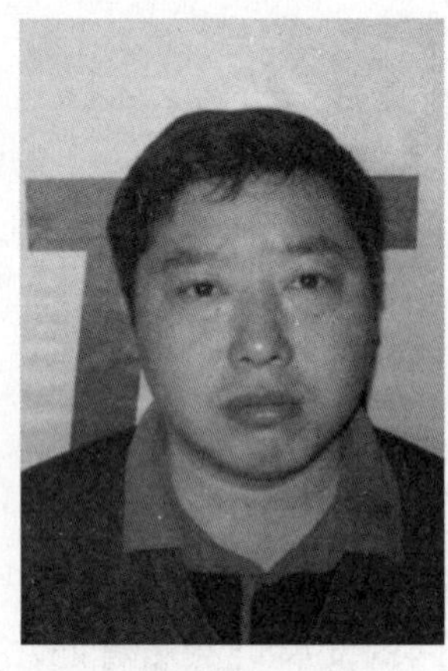

客户端名称

湖北厨电

主营业务介绍

主要经销厨房家电、电机产品、整体厨柜等产品。

企业法人谈移动互联网

当传统互联网进入移动互联网时代，很多企业和个人开发者都希望能够从中掘金，除了面向个人用户的移动应用，很多企业和开发者都把目光放在了企业级的移动应用上。对于投资人来说，APP 的开发技术并不难掌握，这就决定了 APP 投资市场门槛较低，从而吸引了大量企业和个体投资人的涌入，自 2013 年开始，手机 APP 开发就成为移动互联网最为火爆的投资项目。作为实体企业，我们也想充分把握移动互联网的优势，为我们的实体产品营销开辟新的渠道。

android

ios

客户端名称

艺极

主营业务介绍

专业生产楼梯及楼梯配件。

企业法人谈移动互联网

作为传统企业想要继续发展并且在行业的激烈竞争当中存活下来，离不开移动互联网的带动发展，在 2013 年 8 月，网页搜索日均覆盖人数达 1.3 亿人，网民到达率为 56.4%，位居第一；网站导航日均覆盖人数达 1.3 亿人，网民到达率为 55.4%，位居第二；综合视频日均覆盖人数达 9737 万人，网民到达率为 41.8%，位居第三。这些都充分体现了移动互联网对传统企业的带来的经济效益。

android

ios

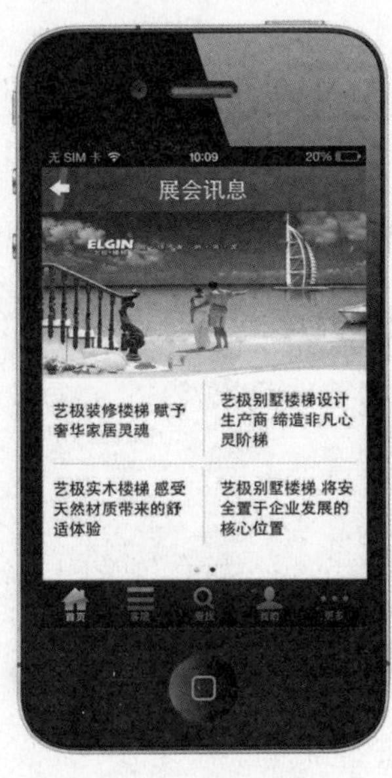

客户端名称

浙江油漆

主营业务介绍

外墙涂料、外墙真石漆。

企业法人谈移动互联网

移动互联网势头正猛，移动终端更是大范围普及，互联网已经渗透我们日常生活的各个细节中。中国正处于移动互联网迅猛发展的阶段，移动网络的基础设施建设和服务必须紧跟时代发展的步伐，才能推进中国整体网络环境不断改善和发展。

android

ios

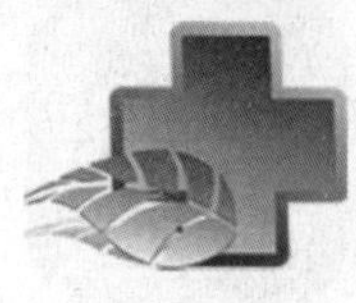

客户端名称

中国医疗设备网

主营业务介绍

研发、生产、经营消毒灭菌器的系列产品。

企业法人谈移动互联网

随着手机、平板电脑等移动网络市场的不断壮大，越来越多的医疗设备企业欲分食这块“蛋糕”，从 PC 平台到移动平台的发展，从互联网搜索引擎到移动互联网手机客户端的发展，已经显现出来基于手机客户端的移动营销已经成为挖掘财富的重要阵地，移动互联网时代已经到来，手机客户端发展迅速，移动电子商务成为了医疗设备企业营销模式转变的重要领域。“中国医疗设备网”手机客户端的出现，在带给客户出色体验的同时，也为医疗设备行业提供了完善、便捷、多样、高效的移动营销新方式，必将引领医疗设备行业进入移动互联网的电子商务时代。

android

ios

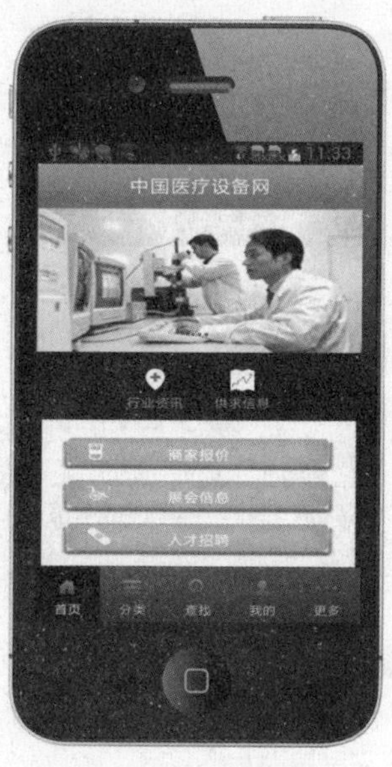

客户端名称

创业丝绸

主营业务介绍

主要从事丝绸、丝棉、丝毛、丝绒、全棉、人棉等面料的染色、印花、防水、涂层成品业务。

企业法人谈移动互联网

以前制造企业基本是围绕年度传统渠道订货会和大客户订单来生产。但 2012 年随着外贸生产和销售渠道的急剧萎缩，以及电商的逐年走强，大订单的生产和销售模式已不可持续。电子商务平台的参与者都是小微企业，他们更重视市场的多变性和消费者的需求。从大订单模式走向小订单的柔性生产，是未来电商在供应链上出奇制胜的关键。而电子商务平台正好给予了我们充分持续发展的良好舞台，以便我们获得更多的商机和发展空间。

android

ios

客户端名称

服装面料

主营业务介绍

全棉坯布、人棉坯布、各种色织布、染色布、印花布、拉绒布、磨毛布、装饰布、箱包布等加工。

企业法人谈移动互联网

互联网是在实体企业发展需求的基础上不断发展的。互联网是未来的一种经营渠道，实体企业想要长远发展必须要借助互联网。纺织面料行业在经过多年的经营后，已经不断地走向网络市场，网络平台的巨大潜力和前景已经势不可挡。公司现已启动服装面料 APP 客户端，五网合一平台，中华面料网三网平台等网络平台，将线下实体和网络平台深入结合。相信公司定会线上线下全面发展！

android

ios

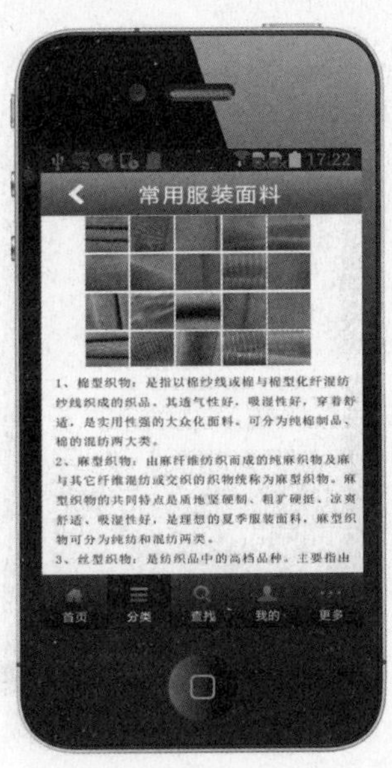

android

ios

客户端名称

家用电器

主营业务介绍

美国 GE 公司正式授权的经销商，经销 GE Druck 传感与测量的产品。有专门的手机网站运营，销售家用电器和各类数码产品等。

企业法人谈移动互联网

互联网的兴起和发展不但是我们在信息时代中创造出的最伟大的奇迹之一，以后的互联网肯定是无线+应用。首先是全球网络发展的趋势，移动终端的普及、智能化。以后的移动的终端完全会替代现有 PC 终端，还有 4G 网络的面世，在很多地方已经有试点，带宽的提升对移动互联网的发展普及速度无疑是带来最大的助力。

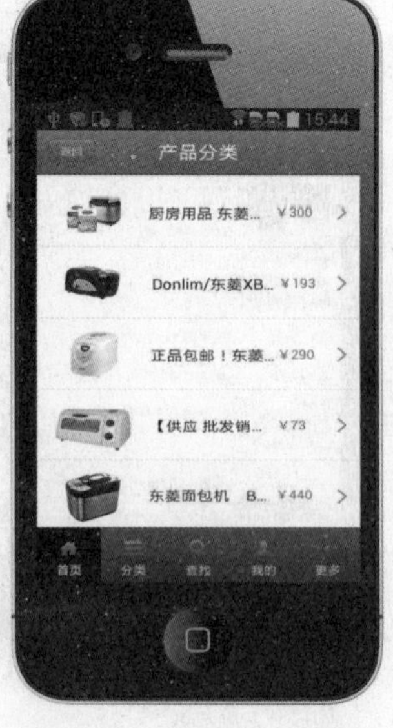

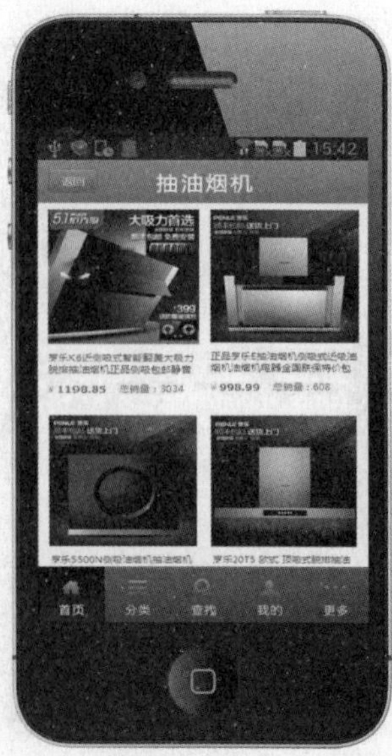

ios

客户端名称

摩托车配件

主营业务介绍

按车型分类车辆的动力部分、转向及操作系统部分、车体件、电器件、易损件、附件以及技术工艺。

企业法人谈移动互联网

现如今，电子商务领域已扩展到各行各业，摩配行业也不例外。走传统行业与现代移动互联网技术相结合的道路，以用户为中心，时刻把握用户的动态，同时改变销售策略，对于摩配行业同样重要。作为云南省最大摩配城之一的大金马摩配城当然也不会被时代所淘汰，本人希望以移动互联网为媒介，施行摩配行业“一网通”，从而实现利益最大化、最优化。

客户端名称

墙材

主营业务介绍

公司集新型墙体材料研发、生产、销售高品质空心砖，砌块砖于一体。

企业法人谈移动互联网

由于设备限制，桌面互联网上的许多工具目前不适合移动平台，移动互联网广告主要以移动搜索广告、移动显示广告为主，其中移动显示广告更为直接，能够对用户视觉产生较强的冲击，相对于印刷广告以及互联网广告价格也偏低，因此，传统企业在移动互联网进行广告炒作时的资金成本就其领域而言，相对较低。既然移动互联网广告可以做，那么传统企业建立移动官网也是必要的一环。

未移动化的 PC 企业网站对手机用户浏览体验造成了极大的影响，简单的优化与调整并不能完美展现企业的品牌文化和产品特色。企业官网移动版不但跟随了移动互联网发展的大潮流，而且彰显了传统企业在该商业领域的专业性，同时也能在传统企业合作伙伴中建立威信。

android

ios

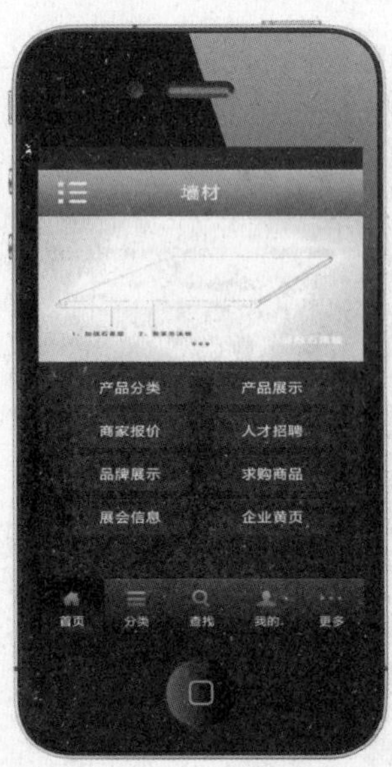

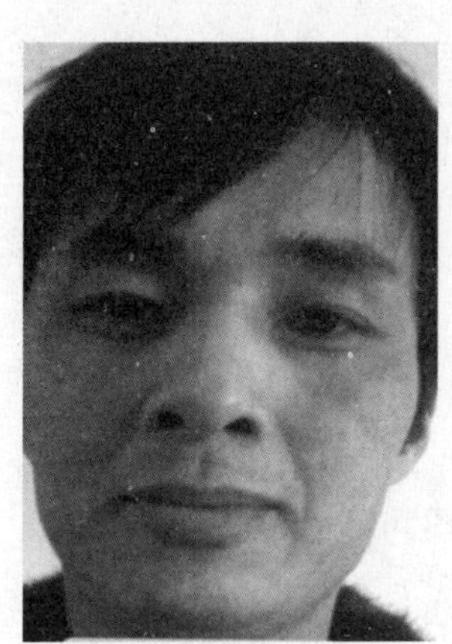

客户端名称

世博会

主营业务介绍

以生产和销售电梯轿厢装潢、自动扶梯装潢及各种型号的观光电梯装潢的专业化公司。

企业法人谈移动互联网

以前是以实体产品销售为主，后又出现了互联网销售，互联网一出现很快就普及到国内家庭，到现在移动互联网的普及，不仅推动了 O2O 模式实现闭环，移动支付更是对我们实体行业帮助很大。基于移动支付，手机团购、LBS 消息推送等新功能都颠覆传统行业线下营销的单一模式，我非常看好移动互联网的发展。

android

ios

android

ios

客户端名称

中国品牌网

主营业务介绍

专业生产箱变、变压器。

企业法人谈移动互联网

在移动互联网时代，营销不再可能仅靠一味向消费者进行单向理念灌输，就能轻易达成交易目的。以用户为主导的双向甚至多向互动才应是当下 APP 营销模式的主旋律。谁能充分利用并调动消费者碎片化的时间，最大程度地与用户进行互动，与用户随时、随地、贴身的交流和对话，谁将更能抢占 APP 营销的先机，在互动中达到拉近与消费者的距离的目的。

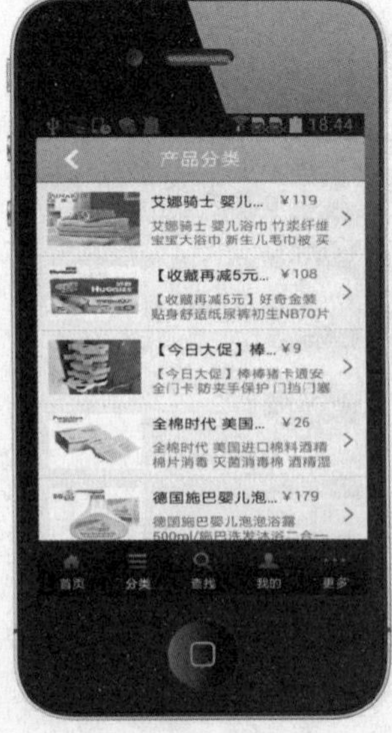

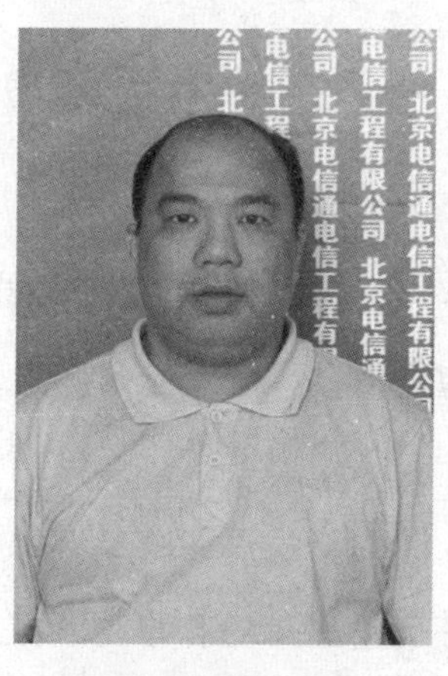

客户端名称

五金电器

主营业务介绍

提供网络信息服务、电子商务等业务为主的互联网企业。代理、发布广告、广告位出租、招商加盟、五金电器产品销售。

企业法人谈移动互联网

随着移动智能设备普及和用户数量增长，移动营销、移动商务模式以其受众范围广、数量大、成本低、方便快捷等优势正逐步取代传统营销模式，如果企业能借助移动营销平台，必将在一定程度上降低企业营销推广成本，抢占市场先机，不仅提高了企业利润空间，更是让企业在新的一轮市场竞争中获得入场券，推动企业进行一次真正意义上的“产业升级”。

android

ios

五金电器作为传统行业，既然已认准了移动互联网能给企业带来巨大推动，就果断出击，大胆加在入到这场争夺战中来，快速布局适合于自己的移动应用平台。企业布局移动互联网，离不开手机客户端 APP 的开发与应用。而 APP 的开发更是涉及到较大的人员、资金、技术支持。因此，五金电器企业应根据自身实际情况，制订正确的移动互联网布局战略，这是成功的首要保障。

android

ios

客户端名称

中国不锈钢网

主营业务介绍

不锈钢带，不锈钢制品（不锈钢冷轧、8 K、磨研、镀金）。

企业法人谈移动互联网

网络环境下价值创造模式变革的新机遇，移动互联网透露出的机遇与诱惑给企业带来新的商机。移动互联网是今后企业发展的趋势，我们要实行企业与移动互联网相结合的方式进行经营。随着国内各大电讯运营商对基础网络的投入和建设，网速加快和手机科技的更新，智能手机现在已经发展到和 PC 并驾齐驱的地步了，而且未来发展趋势很明朗。APP 客户端的出现，是移动电子商务的新趋势。在美国，绝大多数的企业、商铺和网站都已经有相对应的移动客户端。移动互联网的发展不但为中小企业带来移动信息化和移动营销功能，还是方便、简单、快捷、低成本的服务平台。

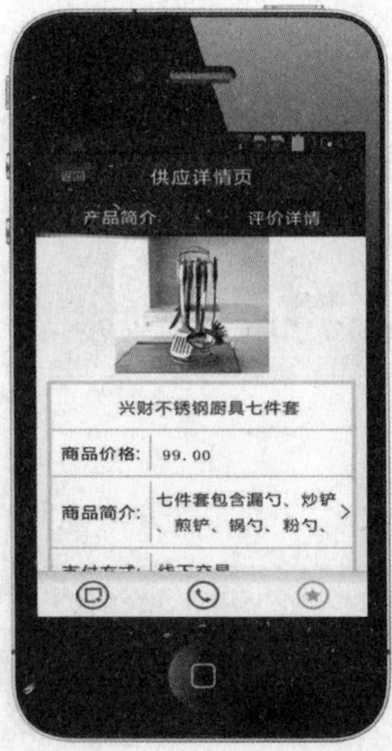

客户端名称

石油化工网

主营业务介绍

代理中石油润滑油全线产品，以工业基础油和工业包装油为主。代理各类石油化工助剂，各类石油生产类、加工类设备。

企业法人谈移动互联网

如果说移动互联网的商用，给企业带来了一缕春风，让广大中小企业充满生机和活力，可以低成本高效率的参与竞争。那么互联网的移动应用，则给企业带来了一次行业革命，让广大中小企业能够在这次大潮中充当弄潮儿甚至是行业领导者。

今天移动互联网将影响不仅仅是行业内，必将遍及人类生活方方面面。“移动互联”不仅仅是网络的连接，更是移动互联网产业与全社会各行各业的连接。我认为是这样的，移动互联网时代的到来实质上应该像十年前或十几年前互联网时代的到来是一样的，它会对所有的产业都产生重要的影响，尤其对传统服务行业会带来根本性的变化。

android

ios

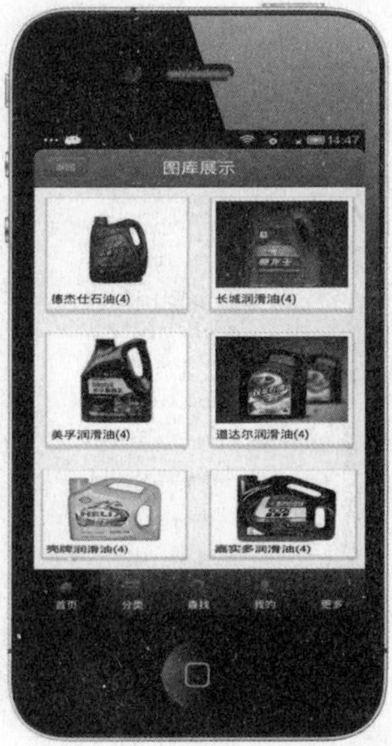

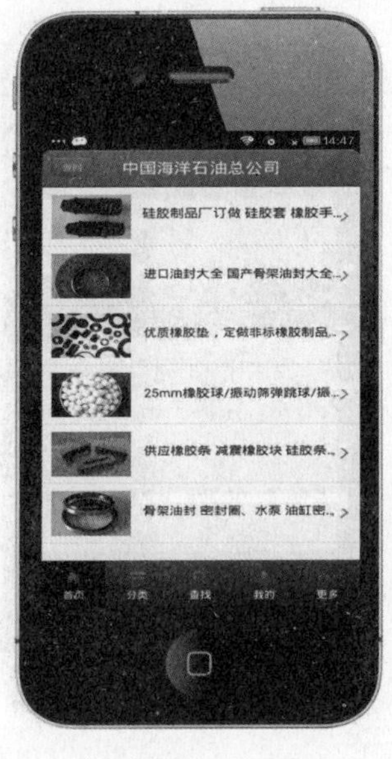

客户端名称

运动鞋

主营业务介绍

生产加工销售各种类型运动鞋。

企业法人谈移动互联网

现在的移动互联网发展之趋势已无可逆转，也是无可替代的。谁抢占先机，谁就可能在此领域占领制高点，我们这代人有机会抓住这样的机会是幸运的，不像当年的传统互联网发展。那时我们还是学生，也没有资本和时间去分享其盛宴，这次移动互联网呈爆发式的增长，绝不要错过这样的机会。移动互联网是主动把传统产品推销给客户，以满足用户多样化的需求，同时借助平台强大的营销服务功能，实现传统业务与移动互联网业务的协同发展。

android

ios

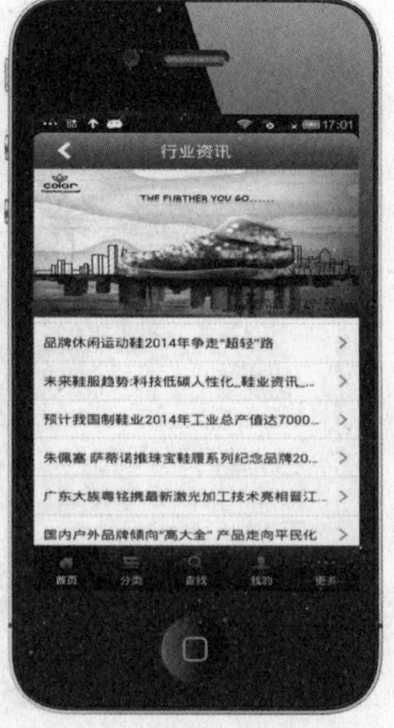

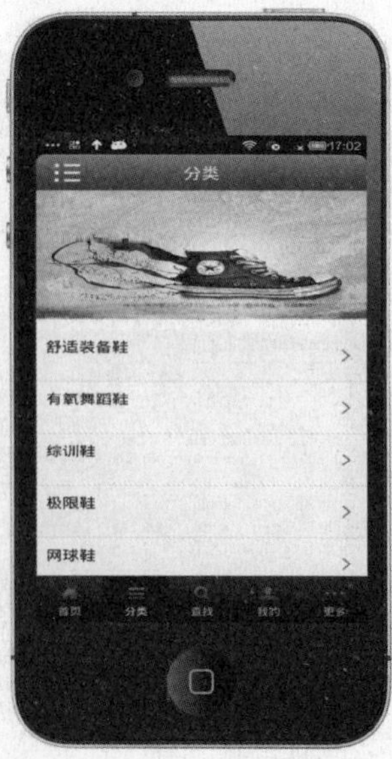

客户端名称

杭州旅游网

主营业务介绍

杭州旅游景点、杭州旅行社、杭州酒店预定、杭州地图、杭州公交、杭州天气、杭州特产、杭州美食、等等。

企业法人谈移动互联网

移动互联网是时代进步的产物，随着人们的生活习惯，手机的普及，大量的信息来源于移动互联网，企业的发展如何最快最便捷的抓住信息与客户，就必须紧跟时代的脚步，选择移动互联网是最好的也是唯一的路径。截止到 2012 年第 2 季度，中国移动互联网用户规模已经达 4.7 亿，每三个人当中就有一个人使用移动互联网。而在国外，知名机构 nielsen 在其 2012 年 5 月的调研结果中显示，美国地区 APP 应用的使用频率增长速度整体为 84%，而与旅游相关的 APP 使用率，在所有行业类 APP 应用中的增长速度最快，为 116%。旅游业的快速发展也为杭州旅游网移动平台的发展迎来了新的契机。

android

ios

客户端名称

电气

主营业务介绍

主要生产高低压输配电开关及成套设备，相关产品已获得国家 3C 证书，部分产品获得欧盟 CE 证书，并拥有多项国家专利。

企业法人谈移动互联网

随着智能手机数量的不断加大而手机上网用户群体也随之增大，现在很多人喜欢使用手机来购物、查看新闻、查看资讯信息等等。随着移动互联网电子商务市场的快速发展智能手机应用产品也得到了广泛的应用和发展。

android

ios

从手机 APP 发展到今天，电气客户端也得到了很快的应用。这也为“电气”客户端信息的推广打造了一个很好的企业商机。因为行业上下游企业的发展必定能够带来更多的资讯以及供求信息，对于手机庞大的移动电子商务必定有很大的市场发展空间。移动 APP 通过互动完成了让消费者对品牌更好地认知，并带来了销售价值。

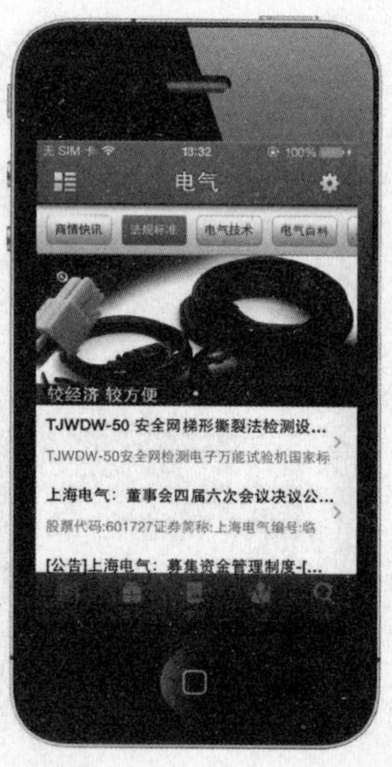

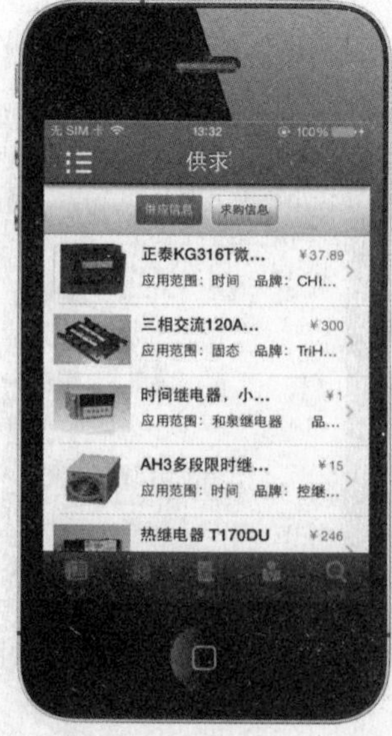

客户端名称

稀有金属网

主营业务介绍

贵金属、化工、金属矿产品贸易。

企业法人谈移动互联网

移动互联网是一个科技发展的产物，更是信息时代的标志。它的出现改变了人们传统的思想方式，在生活中给予我们很大的帮助，实体+虚拟移动互联网已经成为企业盈利和推广的必经之地。一些网络巨头通过“社交+本地+移动”的方式在手机桌面上耕耘，中小型企业也将迎来一场运营机制上的大变革，将成为企业未来必备的双重形态。总而言之，移动互联网就是让企业在经营模式不断创新，营销渠道多元化拓展，管理和营销成本降低！

android

ios

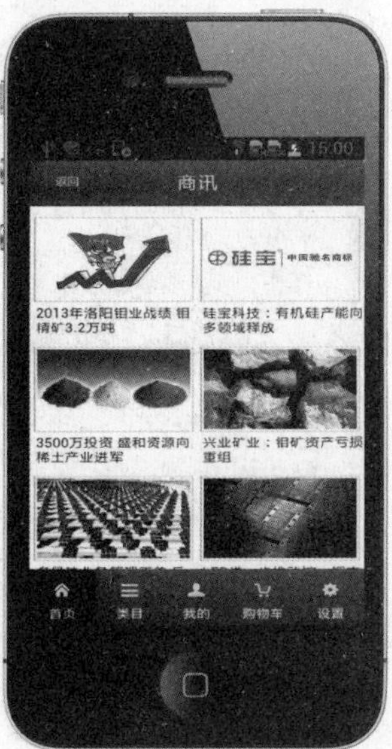

客户端名称

液压

主营业务介绍

泵、阀、气缸为主的液压、气压部品、组立品及汽车零部件的设计、生产及销售。

企业法人谈移动互联网

如今广泛影响人们生活的互联网，是 40 年前美国人搞军事情报的产物。从为了满足军事全球化的需要，到网络的形成和网络时代的崛起，标志着人类进入了一个不同于“实物文明”、“书写文明”的全新样式，即“数字文明”或者说“虚拟世界的文明”。网络文明将人类所有一切带入了更快更深刻一场革命，所产生的巨变是人们无法理解，无法想象的。互联网对传统行业产生巨大影响，且影响刚开始。移动互联网的影响，未知的大于已知的。

android

ios

android

客户端名称

中国医疗器械产供销

主营业务介绍

针对家用保健医疗器械、诊断、医疗服务中心等各大中小医疗机构使用的一、二、三类医疗器械批发。

企业法人谈移动互联网

互联网的兴起对全球化贸易环境、市场营销、新闻传递、流行文化、个人生活与人类社会的各方面产生巨大的影响，电子商务伴随而来，医疗器械作为一个特殊的行业，必将在这股大潮中更加规范、便捷和一体化。利用互联网高新技术整合国内外知名的医疗器械企业的名优产品作互联网电子商务平台的资源，凭借雄厚的技术实力，专业的服务团队，强大的资源背景，先进的行业理念，产品结合全国的医疗器械生产企业以及医疗诊所、医疗服务中心等信息，利用高新技术产业的技术以及推广实力搭建一个具有针对性行业的可持续可复制的最佳商业模式。通过系统流程和操作管理，建成一套符合有关医疗器械交易的完整系统，把该行业从起点到终点消费，通过移动互联网形成一个产业链，打造一个具有行业针对性的 B2B 平台。

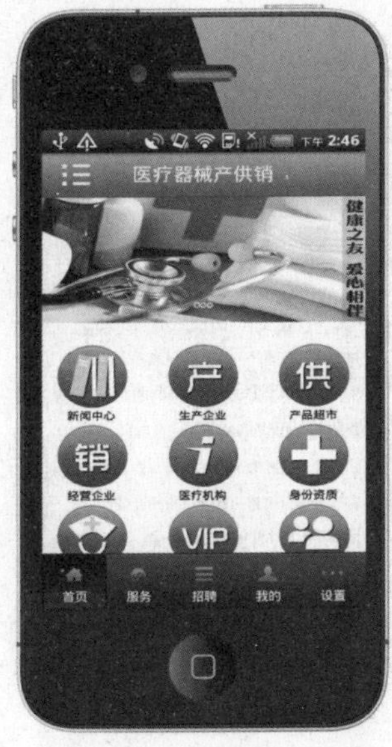

客户端名称

再生能源

主营业务介绍

电子信息系统工程技术开发，技术咨询，技术服务。投资于电子商务和再生能源 APP 软件开发应用。与中科院、二炮研究院科技部联合开发大口径油汽输送管线的智能监控系统。

企业法人谈移动互联网

手机功能的不断增强，尤其是智能手机的问世，将个人通信的移动终端工具与计算机网络软硬件技术的有机融合，使原来只充当个人语音通信工具的手机变得无所不能，便捷地信息沟通，使人们的生活质量、安全度、遨游天下的广度，都得到无限的扩张，游刃有余。在电子商务向传统商业体制和传统资源配置模式不断地发起冲击的当下，手机 APP 是移动互联不可缺少的软件，它是移动通信个人工具与现代化的庞大而又复杂的云技术、云系统有机结合的必然桥梁，这才有了今天所谓的“移动互联网”。中国电子商务协会 3G 发展与应用工程办公室、天下互联公司为我们企业与个体经营者开辟了新的移动桥梁，使我们能云端演出电子商务的大戏成为现实。在此表示忠心感谢！

android

ios

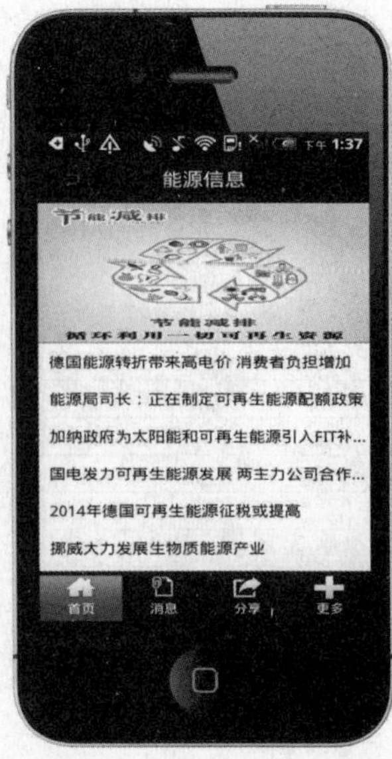

客户端名称

安徽汽配

主营业务介绍

主营减震器、保险杠、覆盖件、底盘件等汽配件。

企业法人谈移动互联网

汽配行业一直处于传统零售业的模式影响下，不过随着移动互联技术的发展，以及整体行业向移动互联方面的转型，汽配供应模式也将迎来考验。不过可以预见的是我们将借助移动互联网优势，拓展更大的发展空间，迎来一个新的发展趋势。新的汽配时代已经到来，汽配移动平台将与您携手在激烈的市场竞争中脱颖而出。

android

ios

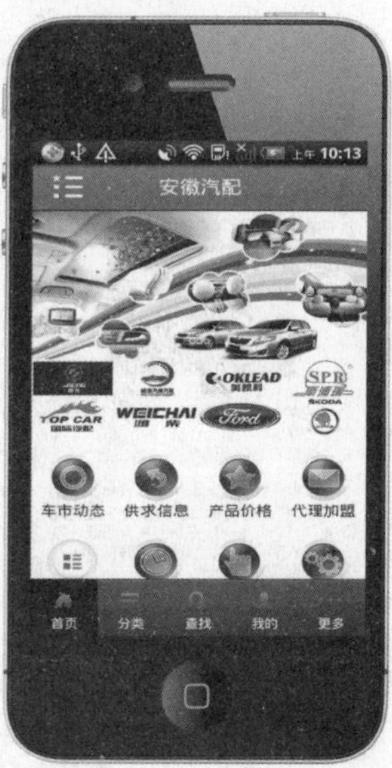

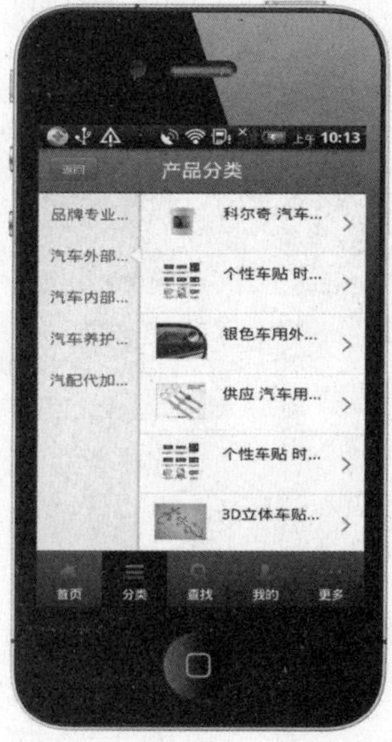

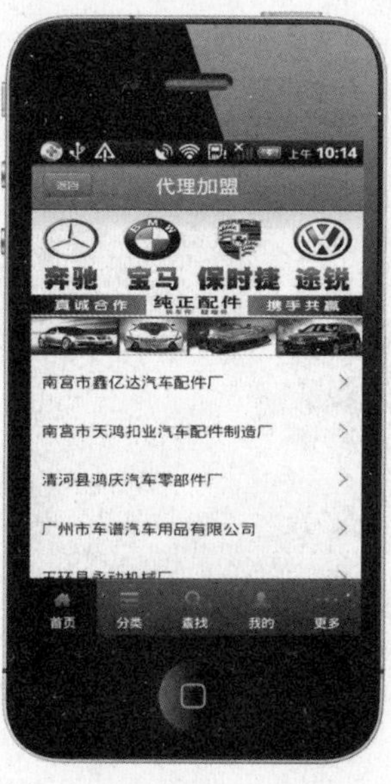

客户端名称

纺织

主营业务介绍

主要经销纺织原材料，生活用纸和印刷用纸等产品，同时还投资于造纸加工、环保治理，企业收购重组等。

企业法人谈移动互联网

随着3G技术及无线网络技术的日趋成熟，移动互联网面临着崭新的机遇与挑战，必将引领整个产业的巨大变革。移动互联网不仅仅是移动通信技术和互联网技术简单结合的产物，融合后所催生的新应用才是移动互联网发展的未来。移动支付手段的电子化和移动化是不可避免的必然趋势，移动支付业务发展预示着移动行业与金融行业融合的深入。

支付工具的创新将带来新的商业模式和渠道创新，移动支付业务具有垄断竞争性质，先入者能够获得明显的先发优势、筑起较高的竞争壁垒，从而确保自身的长期获益。

android

ios

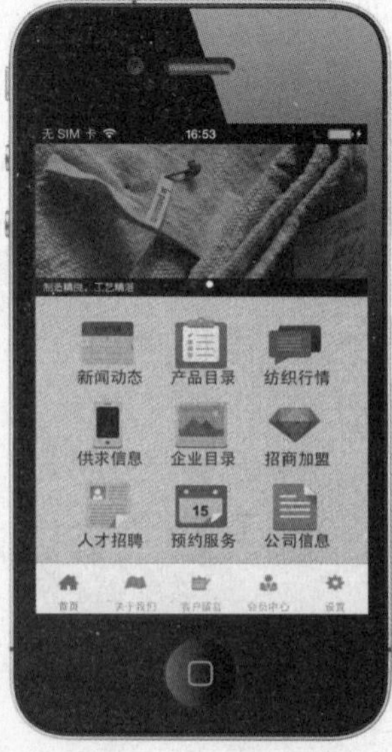

客户端名称

纪念币

主营业务介绍

上海金银条、纪念章、纪念币；纯银纪念章、金属纪念章的供销。

企业法人谈移动互联网

移动互联网这股大潮即将到来之时，纪念币客户端希望通过整合全国工艺品加工企业，工艺品生产上下游产业链各相关企业，还有这个产业上众多的精英企业的资源优势。为众多的企业找到一个推广、合作、信息沟通、产品展示、销售等多功能的一个综合性行业平台。能让我们整个行业产业链上的企业切切实实地体会到花小钱办大事，为国家的经济建设出一份力。

android

ios

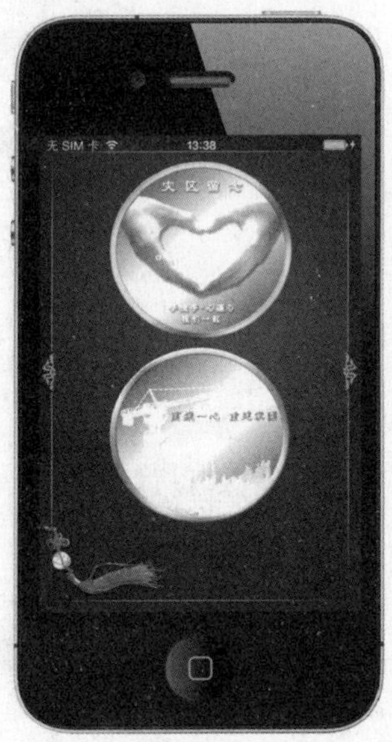

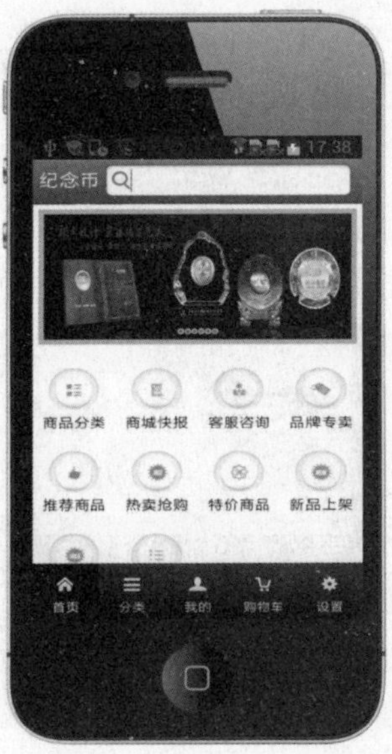

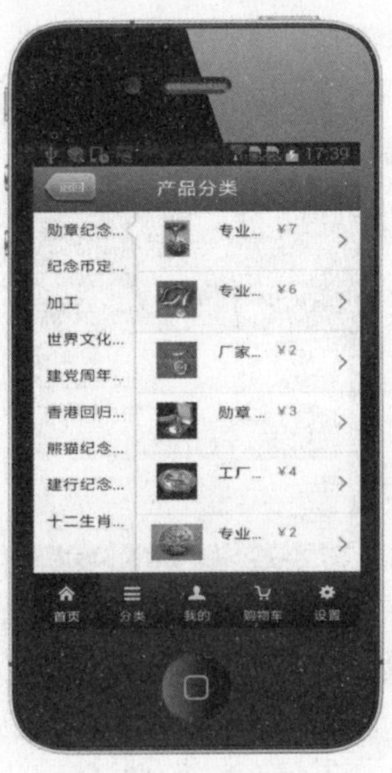

客户端名称

家居

主营业务介绍

家用纺织品、家用装饰品。

企业法人谈移动互联网

“过往 100 年，人们通过印刷品获取各类资讯和信息；10 年前，人们通过各种屏幕获取信息和服务；今天，人们已习惯享受随时随地获取信息的服务体验。”这是移动互联网对我们工作、生活的影响。从店商到网商到移商，市场瞬息万变令人措手不及。人们消费习惯的改变也在影响着我们传统行业的营销模式。我们杭州东越家居用品有限公司经营家纺、家装产品多年，培养了一大批忠实的客户，我们与天下互联合作“家居”APP，就是要为我们的产品提供一个更便利的宣传展示平台，也为我们的客户提供更贴心、更便利的服务，让客户动一动手指就可以看到我们的新产品、参与我们的营销活动。

android

ios

android

ios

客户端名称

模具制造

主营业务介绍

国内多家知名汽车配套厂家的模具定点生产基地，主营汽车配件、家用电器等塑胶模具设计及制造。

企业法人谈移动互联网

模具工业是国民经济的基础工业，是“百业之母”，是永不衰亡的行业。模具生产技术水平的高低，已成为衡量一个国家产品制造水平高低的重要标志，模具工业是技术转化的成果，是工业生产的重要基础装备，所以模具技术进步将会极大地促进工业产品的生产发展。

而我们也开始了移动互联网时代的转型之路，调整产品结构、提高产品附加值、提升我们的竞争力。

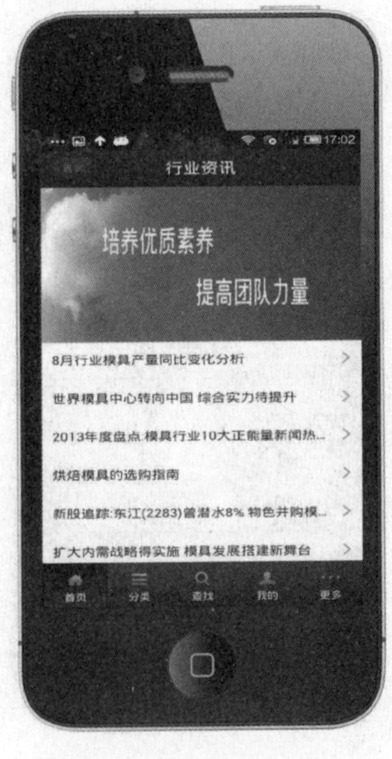

客户端名称

汽车保姆

主营业务介绍

集汽车维修保养、配件装饰、紧急救援、洗车、车险、智能导航等服务为一体的多元化信息服务类网站。

企业法人谈移动互联网

汽车已诞生超过 120 年。作为日益精密的机电综合产品，汽车已成为现代生活的一部分，为数以十亿计的组织、家庭和个人所拥有，给人们的出行、工作带来了极大的便利，也推动了现代社会的文明和繁荣。而互联网的诞生则要晚得多，直到 20 世纪 90 年代才真正出现，并深刻影响产业组织、传播秩序和人们的生活。互联网和汽车的初步结合更多地表现为汽车产业资讯的传播和作为品牌、市场营销的渠道。然而，互联网和汽车的结合并没有在此止步，移动互联网大潮的涌来恰恰为这种更深入的结合提供了无数可能。

android

ios

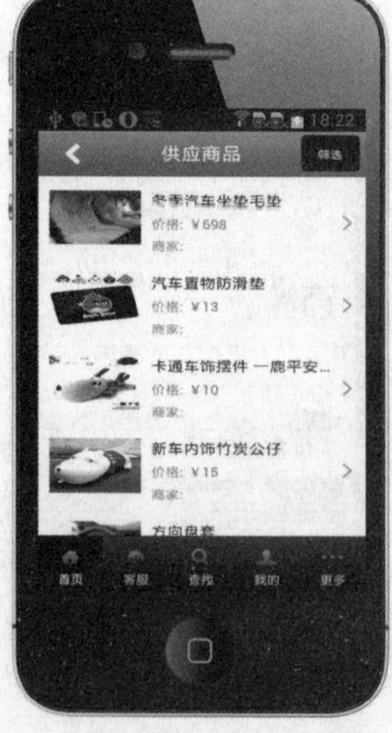

客户端名称

汽摩配橡胶件

主营业务介绍

汽车减震块、支脚架、控制臂衬套、摆臂衬套、防尘罩等。

企业法人谈移动互联网

2013 年是中国移动互联网市场爆发式增长的一年，整个行业呈现出蓬勃发展的态势。如今，智能手机已经成为了人们生活的一部分，人们对于智能手机的依赖在不断加强，手机第一上网终端地位更加稳固。在可预测的将来，移动互联网将引领发展新潮流，移动互联网的市场规模和空间前景广阔。

android

ios

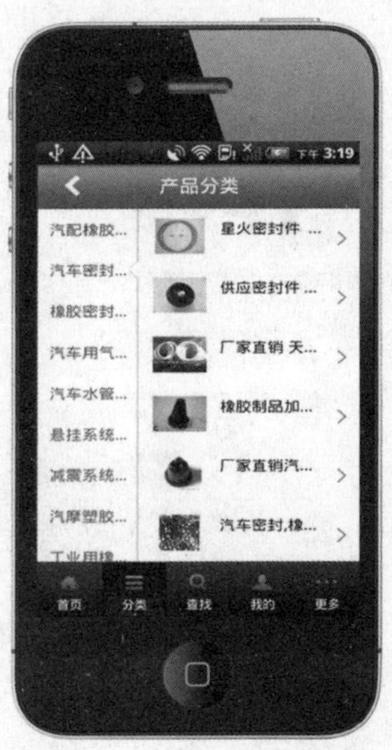

客户端名称

饲料网

主营业务介绍

中国饲料原料贸易企业及畜牧养殖企业相关的行业新闻、政策法规和行业供求信息行业动态等。

企业法人谈移动互联网

黄华英表示，在一次偶然的机会接触到移动互联网，并产生了极大的兴趣，同时她也相信 3G 产业在未来将会蓬勃发展。目前，如果线下完善的饲料营销体系可以借助 3G 移动互联网的助力，必然可以打开一个全新的营销格局，行业特色千差万别，对移动互联网的需求也会相应的不同。移动互联网在今后必然会成为一个新的经济增长点，从而占领广大的消费市场。

android

ios

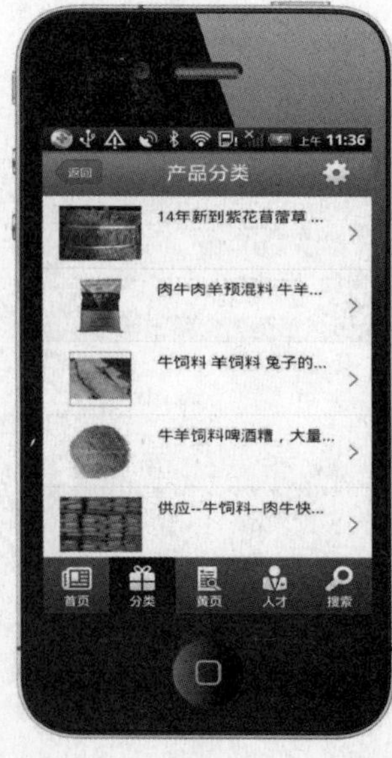

客户端名称

贴膜

主营业务介绍

美国进口的车身改色膜、整车覆膜、个性贴膜等产品。

企业法人谈移动互联网

随着移动通信和互联网技术的快速发展，移动信息化应用已经越来越贴近人们的生活，庞大的手机用户群为移动信息化应用奠定了基础，也意味着巨大的商机。谁拥有移动互联网，谁就拥有了信息；谁拥有了信息，谁就能占据有利竞争地位，已经成为一条新的市场竞争规则。面对日益激烈的竞争市场和不断变化的营销环境，企业必须要随时根据自身在市场竞争中的势态变化进行动态调整和改造。与 3G 结缘将是一个全新的开始，会有越来越多的企业参与到移动信息化建设中，他们在完成自身产业链的同时，也会为推动整个移动互联网事业贡献力量。

android

ios

android

ios

客户端名称

浙江药材网

主营业务介绍

药材的求购、供应及咨询服务。

企业法人谈移动互联网

药材网线上发展模式对整合药材行业的线下发展起到了极大的助力作用。在传统的线下市场，药材供应商要想让销量得到增长，就必须加大广告宣传投入，但在 3G 移动互联网借助行业信息交互平台，在供应商发布企业、产品信息时供应商即实现了对自己的营销推广，使得知名度迅速提升。随着浙江药材移动之路的发展，入驻移动平台成为医药企业的必经之路。未来，也必将有越来越多的中药材企业步入移动时代。

客户端名称

铝锭原材料

主营业务介绍

主要生产各种国标、美标、德标及国内各企业标准的铝硅系列铸造铝合金锭。

企业法人谈移动互联网

对于手机客户端的未来投资前景，虽然有人提出了“趋于饱和”的观点，但事实上，在彰显个性和追求时尚的今天，用户对于手机客户端的需求永远不会满足，这也就意味着手机客户端的未来创投之路不会暗淡，更重要的是，手机网民数量的增多正在为广大创业者带来了源源不断的新客户。企业只要合理有效地借助于移动技术和营销手段，就可以成功提高企业的知名度和品牌的推广，从而为企业移动时代的发展带来一个更为广阔的天地。

android

ios

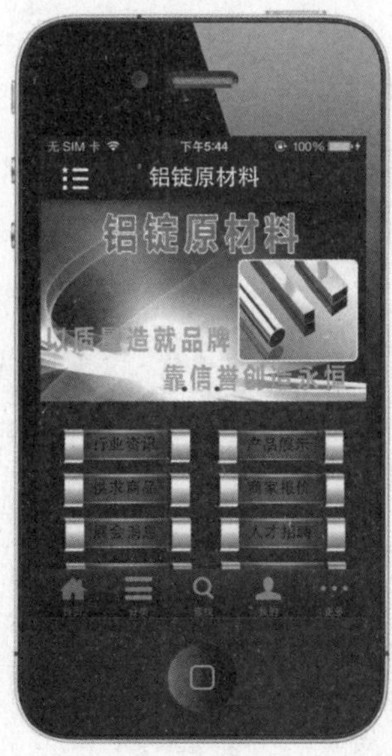

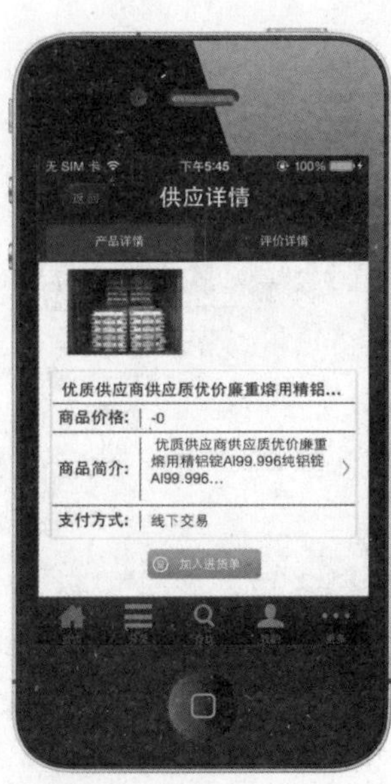

客户端名称

涤纶线

主营业务介绍

涤纶线的生产和供销。

企业法人谈移动互联网

随着移动设备的快速崛起，随之伴随而来的是APP 呈现爆发式增长。在智能终端的冲击下，原有的WAB 软件已经跟不上时代的步伐，因此新的一轮技术变革下，APP 手机客户端，成了人们的新宠儿，对诸多行业都产生深刻的变革影响。而移动互联网对传统行业的营销也是显而易见的。“涤纶线”APP 手机客户端平台的出现，说明移动互联网已经成为纺织机械行业营销模式转变的重要领域。“涤纶线”平台，在带给用户出色体验的同时，也为纺织行业提供了完善、便捷、多样、高效的移动营销新方式，率先引领行业跨入移动时代。

android

ios

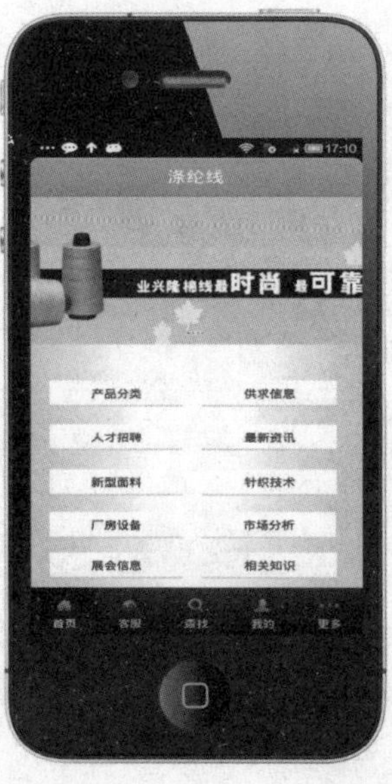

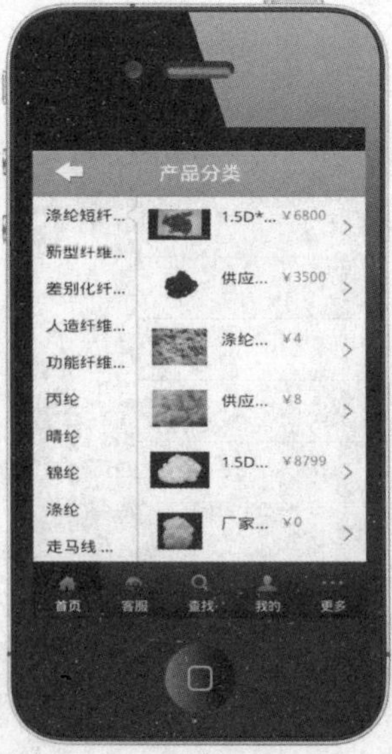

android

客户端名称

环保

主营业务介绍

商品的运输、配送、仓储、包装、搬运装卸、流通制作。

企业法人谈移动互联网

电子商务是一个朝阳行业，而环保行业也随着中国不断发展的经济需求正在蓬勃发展，这两者的结合无疑会有一个很好的发展空间。就目前而言，这一平台是业内发布信息量最大、最具权威性的网站，提供给业界了解各地环保信息的最佳沟通桥梁和窗口，同时也是各地大网站首选的环保产品链接网站，通过各地的网站搜索引擎，将环保行业的信息大量发布到互联网的每个角落。纵观整个信息化时代，电子商务日趋强势，发展潜力不可估量，环保产业的电商之路也是势在必行。就目前而言，虽然环保产业进军电子商务领域存在各种困难，但是随着行业对电子商务认识的不断深入以及技术的不断发展，电子商务势必将在不远的将来成为环保产业发展的主流趋势。

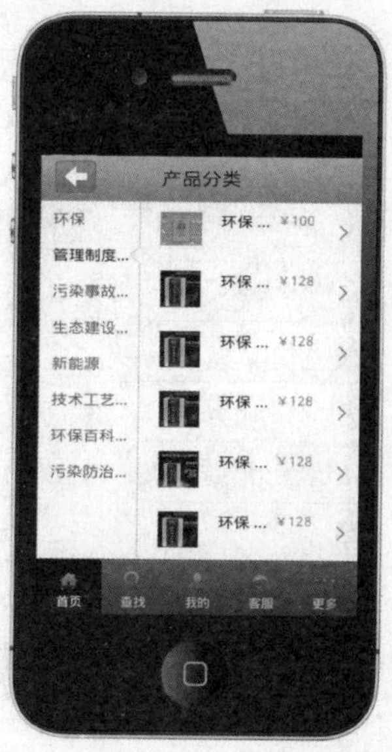

客户端名称

净水材料网

主营业务介绍

经销净水剂产品。

企业法人谈移动互联网

随着水资源的污染越来越严重，净水材料作为一个新兴行业慢慢被社会推上桌面，成为治理污水非常有效的可利用材料。作为小企业来讲，谁优先抢占了移动互联网就一定能为自己商业的发展带来机遇。现在我国手机用户已超过六亿，庞大的消费群体能沟让线上和线下融为一体，为企业创造奇迹。未来净水材料在我国的发展空间是非常广阔的。我们应当充分认识到互联网的优势，促进我国净水材料行业的良性发展。

android

ios

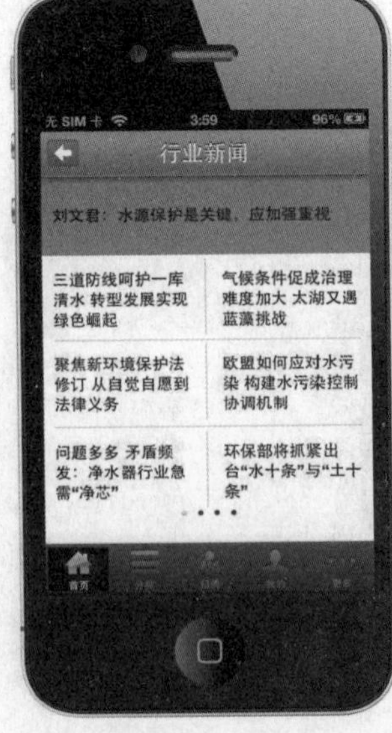

客户端名称

绿色有机

主营业务介绍

科技生态经济开发，农林木实用技术研究，畜禽饲养及农、林、畜、水产品加工销售。

企业法人谈移动互联网

android

对于传统企业，除了依托于互联网平台，如何掌控自己的客户流、信息流和资金流，如何发挥自己的传统和线下优势，创新发力移动互联网？在移动应用市场，“绿色有机”虽然还不是行业领跑者，但它希望借助移动互联网转变固有的传统营销模式。一个我们意识中的传统行业农业，正在通过移动商购实现跨界的逆袭和商业模式创新！

android

ios

客户端名称

地产网

主营业务介绍

卫浴、洁具，客厅、卧房家具，办公系列家具等等。

企业法人谈移动互联网

智能手机的大众化浪潮袭来，3G、4G 网络的逐渐应用，将会给移动互联网带来前所未有的机会。2011 年至 2015 年将是整个移动互联网的成长期，也就是当初 1998 年到 2003 年间的状态，未来将会诞生巨头级公司，但是没有以前那样轻易成功，现在又互联网巨头的挑战和介入，竞争会更加激烈，但是持续不断的技术和产品更新会给竞争增加砝码。实体企业携手移动互联网，共同接受时代大潮的洗礼，走向共赢。

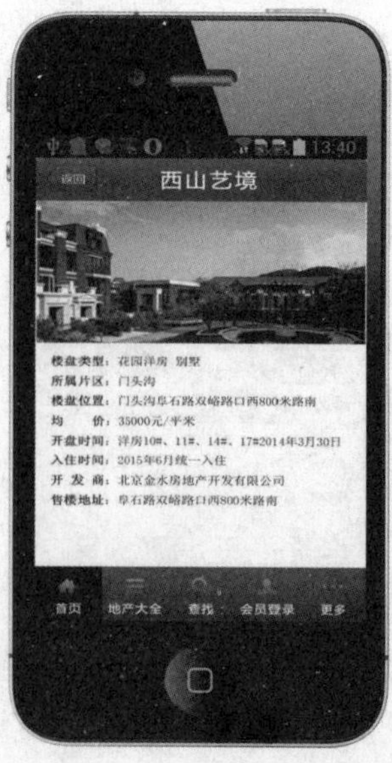

客户端名称

电子仪表经销商

主营业务介绍

成都美利达仪表有限公司是专门从事工业自动化控制及仪器仪表的销售和售后服务的公司，是美国 GE 公司，即通用电气传感与测量仪器仪表（上海）有限公司正式授权的经销商，经销 GE Druck 传感与测量的产品。有专门的手机网站运营，销售各大家用电器和各类数码产品等。

android

ios

企业法人谈移动互联网

移动互联网现在主要体现在手机应用上，手机 mobi 域名和客户端是不可或缺的推广方式：

1. 可用来做投资，比如手机 mobi 域名自己不用的话可以等升值；

2. 开发手机客户端，可以直接让针对性客户了解你的产品和服务，增强用户黏度；

3. 提升自身品牌形象，利于招商活动的开展。

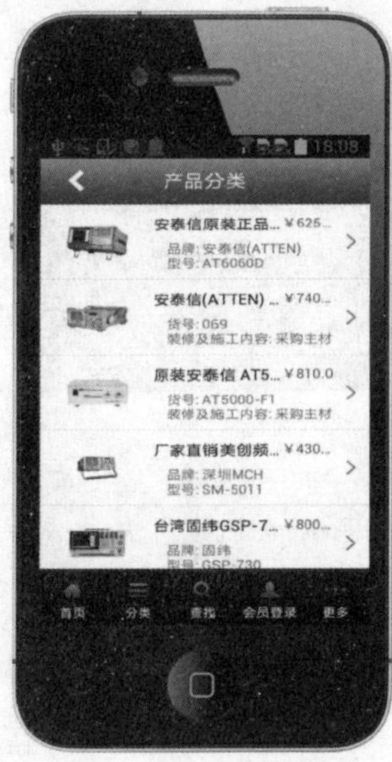

客户端名称

纺机配件网

主营业务介绍

镍网纺机配件的制造

企业法人谈移动互联网

近几年来，全球 3G 商用进程正在全面加快，而基于 3G 网络的移动互联网业务也全面崛起。随着移动终端存储和处理能力的不断增强，各种从互联网上移植过来的下载、邮箱、定位、搜索、博客、即时通信、电子商务、拍卖等业务，正在通过手机得到日益广泛的应用和普及，一个随时随地通过手机接入互联网的“移动互联网时代”正在来临。我们实体行业也在慢慢与之靠拢，最终实现共赢。

android

ios

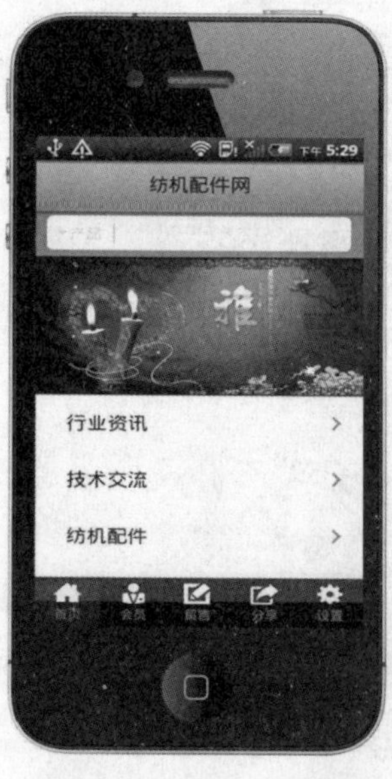

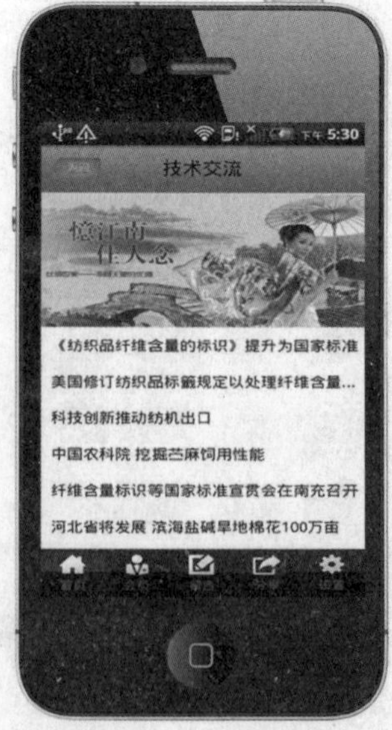

客户端名称

河南电子网

主营业务介绍

通讯系统、计算机网络系统、布线系统、楼宇自动化系统的设计、施工，换气机、报警器及销售。

自动化控制设备、高低压开关柜、节能减排环保设备、安防监控设备、电器元器件、仪表、阀门的销售。

企业法人谈移动互联网

当前，是电子信息产业化的时代，科技创新高潮迭起，而随着电子商务形势的迅速发展，新一波的产业浪潮也开始推动未来电子行业的发展。

有关专家称，电子信息产业在制造环节具有劳动密集型的特征，河南省则在这些方面具有绝对优势。行业专家魏洪钧指出，河南发展电子信息产业，郑州是当仁不让的“老大”，河南电子信息产业要想保持住领先的地位，必须跟进当前电子商务的势头。他开始在“河南电子”网站平台上注册自己的产品，其产品市场逐步扩大。

android

ios

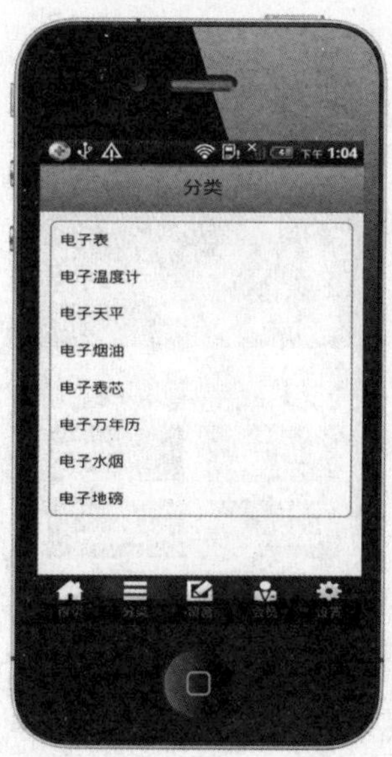

客户端名称

黄金镶嵌

主营业务介绍

千足金镶嵌、翡翠、碧玉、和田玉、琥珀等天然宝石类镶嵌加工与销售。

企业法人谈移动互联网

随着产业融合的加深和移动通信技术的普及，移动互联网产业呈现移动终端芯片集成化、移动终端智能化、移动应用与服务多样化的趋势。正如信息技术的革命，使得人类经历了第三次浪潮，移动互联网的发展，进一步加速了传统行业革新的步伐。

“如果不能搭上移动互联网这趟时代列车，整个行业将会面临颠覆性威胁”已成为业界共识。与此同时，无论从现实生产生活需求层面，还是从国家发展政策层面，移动互联网的交叉产业，如物联网、传统互联网等产业，都呈现出巨大发展空间，相关产业技术和产业应用具有广阔前景，面临重要战略机遇期，加速提高国民经济社会发展的信息化程度，将是推动经济社会智能化和可持续发展的重要力量。

android

ios

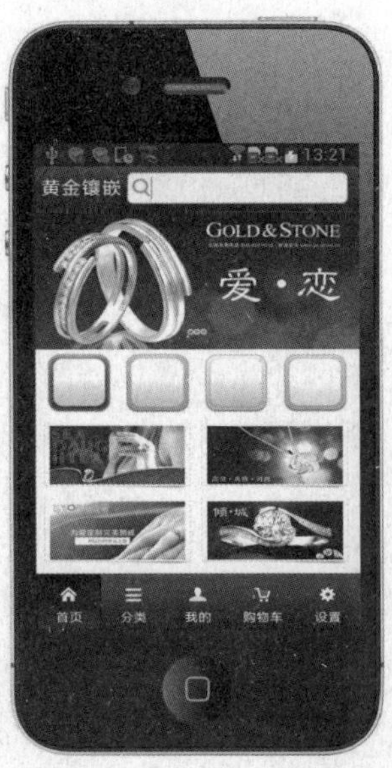

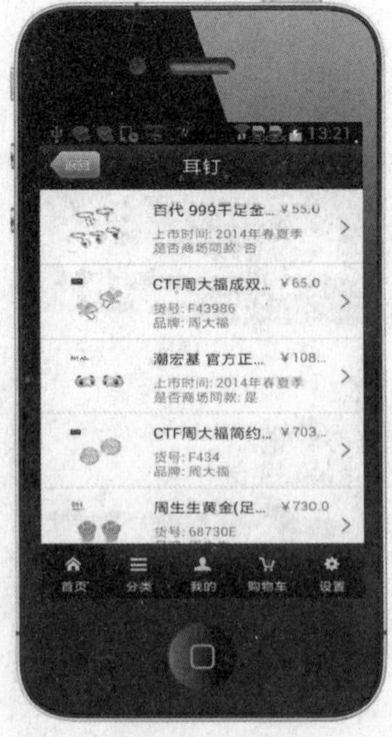

客户端名称

健康饮水

主营业务介绍

直饮机的销售与维护。

企业法人谈移动互联网

电商领域所蕴藏的巨大潜在市场早已让净水器销售企业商家“垂涎”已久，但传统的建站“触电”的模式运作成本高，因此只有少数企业通过建站的形式入驻互联网，而中国健康饮水门户的上线为大多数企业商家入驻互联网带来契机，健康饮水客户端则更是将这份契机无限扩大。这种低成本、高时效的网上营销模式因此成为大多数净水器销售企业商家的选择。

android

ios

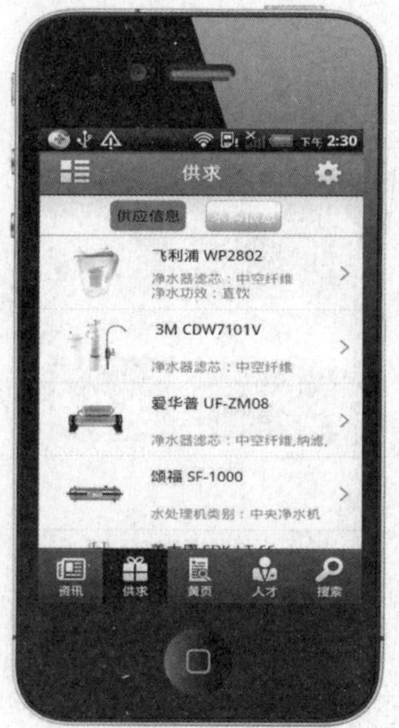

客户端名称

江苏纺织网

主营业务介绍

专业生产加工人棉纱产品（特殊规格可定纺）。

企业法人谈移动互联网

互联网的快速发展成为了这个时代的主要特征，网络推广也成为企业推广的主要方式。网络推广狭义上讲是指通过基于互联网采取的各种手段方式进行的一种宣传推广等活动，以达到提高品牌知名度的一种效果。我们公司有专业的技术和产品，目前更需要的是最便捷的宣传平台与联络平台，通过与天下互联的密切合作，以及我们在行业中的优势，争取早日实现线上线下共同盈利。

android

ios

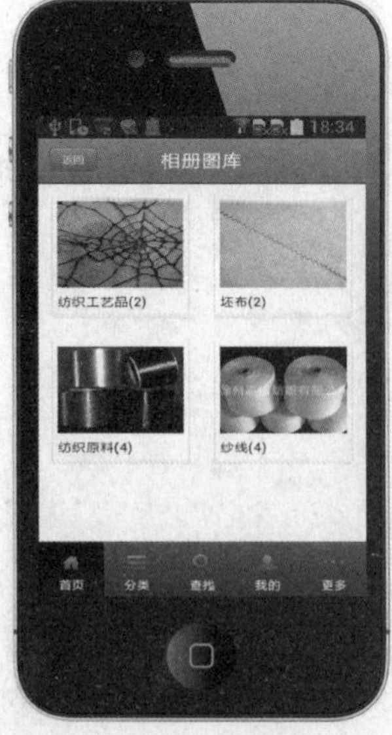

客户端名称

晋江鞋材

主营业务介绍

本公司主营鞋材批发、成品鞋贸易、茶叶批发零售等。

企业法人谈移动互联网

现在是信息时代，谁掌握信息谁就掌握先机。移动互联网则是信息传播最快的一个最有效的载体。我看重移动互联网的优势，想在客户端上开展业务，吸引同行、发展客户，改变传统的营销模式。希望利用移动终端带动我线上线下的生意圈，天下互联也是互联网的领头羊，我相信和他们合作会使我的生意更上一层楼!

android

ios

android

ios

客户端名称

电气市场

主营业务介绍

铜包铝母线 、铜包铝漆包线、电磁线、电力电缆、裸电线、绝缘导线等的生产、加工。

企业法人谈移动互联网

随着移动互联网的发展，社交用户使用移动终端的比例越来越高，移动互联网基于地理位置的特性也将给营销带来极大的变革。这些移动客户端聚集了庞大的用户群体，成为企业争夺移动互联网市场的重要阵地。同时，移动社交平台能够增加用户粘度，形成互动营销。通过这些社交平台，传统企业能够及时收到用户对企业品牌或是产品的评论，并且迅速做出反馈，及时解决用户问题。如果企业官方账号能与用户或者潜在用户形成良好的关系，那企业获得的价值是难以估量的。

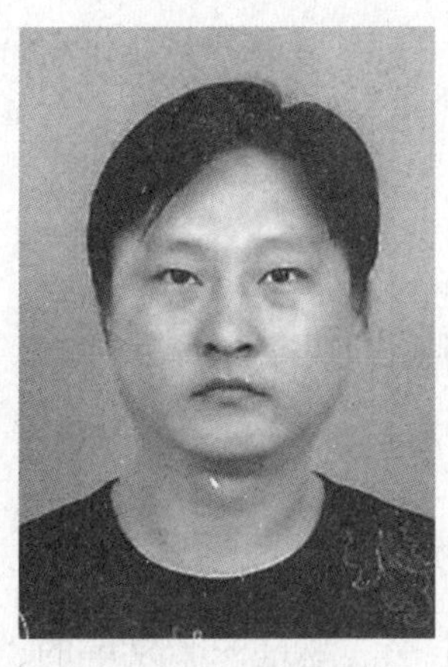

android

ios

客户端名称

纺织印染信息

主营业务介绍

各类色织布及其他布料等。

企业法人谈移动互联网

当今时代科技日新月异，大媒体时代也引来更多传统行业的瞩目，未来织布行业结合移动互联网开启新兴发展指日可待。现在已经有众多的传统行业融入移动大军，开启了线上线下的结合发展机制，本人认为，这为织布行业步入移动时代做了有利的铺垫。传统行业的实力与客户基础结合移动互联网的信息传播速度，实现企业与企业之间的沟通、联络，在线洽谈，也为小成本的企业提供信息发布以及宣传的平台。纺织印染信息客户端要做企业的营销工具，更要力争成为行业的信息集散地。

客户端名称

仪器仪表经销商

主营业务介绍

美国GE公司正式授权经销GE Druck传感与测量的产品。手机网站主要销售家用电器和数码产品。

企业法人谈移动互联网

新一代的互联网正向我们走来。那是一个平等的、无所不在的、无国界的互联网，那也是一个可以充分支持人际交流的、智能的、个性化的互联网，它必将成为我们生活和工作的中心，成为推动世界和中国发展的主导力量之一。同时我也坚信，在新一代互联网的发展道路上，拥有大量高素质的网民，拥有强大经济实力和优秀人才资源的中国一定会扮演至关重要的角色。我们传统行业也一定会紧随时代的发展，与移动互联网紧密结合，擦出火花。

android

ios

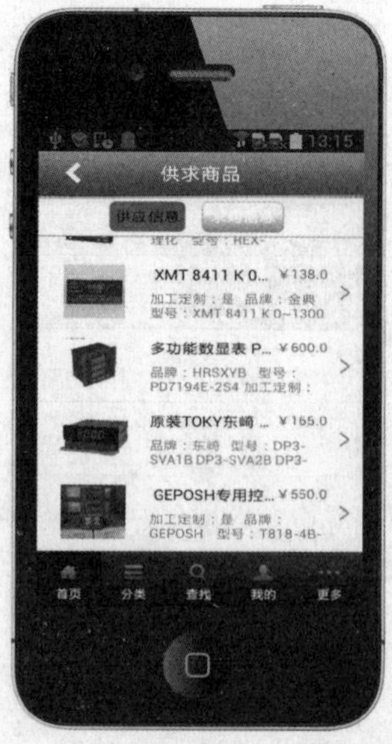

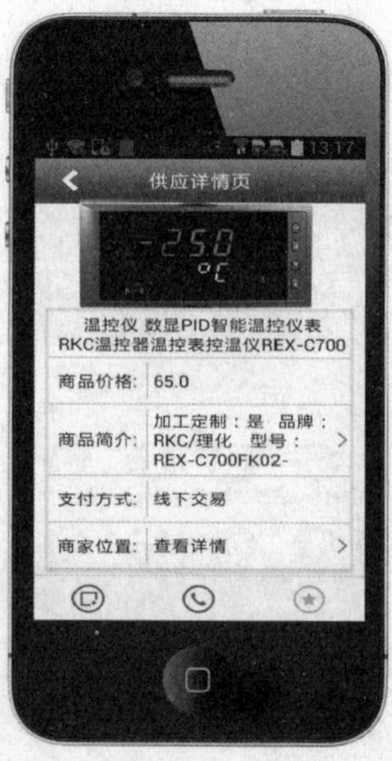

客户端名称

电器商城

主营业务介绍

经营生物药品，中西医药，医药保健，保健护理，厨卫电器，生活电器，大家电，电视影音电器及设备；以及纸张批发兼营，产品有各种规格型号的黄板纸，半边纸，沙纸箱纸板，高档瓦楞纸及各种文化用纸。

企业法人谈移动互联网

通过移动互联网 APP 客户的推广结合自己实体企业，达到线上线下 O2O 的新型营销模式，发展和壮大自己的企业，达到更好的社会效益和经济效益。

目前有一半的中国城市智能手机用户曾经使用智能手机进行购物。无论人们是要寻找商家信息、比对产品价格，还是使用手机直接访问网站或使用应用程序，搜索服务与搜索广告将成为改变购物模式的关键。移动互联网还给我们的商业模式带来了巨大的变化和挑战。“移动化”趋势已经势不可挡，如果今天你还在思考是否要建设一个移动设备可访问的网站，以及是否要投放移动广告，那你已经落伍了。移动互联网平台，相关应用程序开发和移动互联网广告已经成为企业营销的标准配置。

android

ios

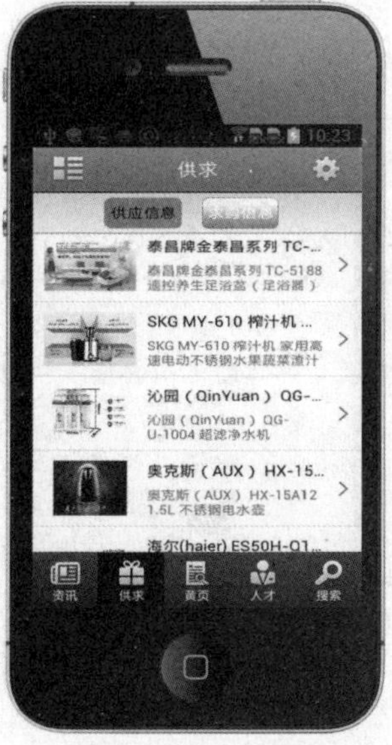

客户端名称

中国体育用品网

主营业务介绍

1.经营美容、体育用品和五金塑料行业相关的产品。

2.投资开发了中国体育用品客户端和卫浴客户端，APP平台提供供求信息发布、广告宣传、公关文章发布等服务。

企业法人谈移动互联网

移动互联网的兴起，带火了一个概念就是碎片化时间。无论是在等车时，还是在坐车时，手机都成了大家解闷的一个非常好的工具。我们经常会在地铁上看到大家都在低着头玩手机的场景，包括吃饭过程中很多人都因为手机而不聊天了，碎片化时间的优势就在于大大提高了产品的使用频率，这对于产品的市场前景是非常有利的。

android

ios

客户端名称

中国轴承销售

主营业务介绍

为各企业、商家提供发布广告、供求信息、人才招聘等的信息平台。

企业法人谈移动互联网

伟大的移动互联网，从此改变了整个世界的生活模式，产生了巨大的传播价值和经济价值，传递信息、发布信息，为国防、科研、生产、营销、银行、游戏、导航……进入新的里程，随时随地接通移动互联网已经成为人们生活不可缺少的重要内容。移动互联网的机会到底有多大？移动互联网机会层出不穷，这个时候谁抓住机会，就完全可以弯道超车。移动互联网跨越发展的催化剂诞生了宇宙般的信息量，产生了移动互联网的创业大军，从蛮荒走向繁华。

android

ios

Line Tools——科技以人为本

Line 推出的 Line Tools 包含 15 种常用工具，充分发挥手机的摄像头、陀螺仪、手机听筒等功能，将工具的实用性最大化。界面延续 Line 的清新风格，Line Tools 让你相信，它不止擅长卖萌，更兼顾实用性，你随处可以看到创意的闪光点和贴心的设计。

1. 科技以人为本

充分手机自带功能将工具的实用性最大化，如利用麦克风转化的信号进行噪音测量、通过重力测量水平状态、镜子（前置摄像头）和放大镜（后置摄像头调焦）的功能。

2. 创意来源于生活

Line Tools——改工具型应用冷冰冰的传统形象。用几个圆圈教你称面意面，图文并茂的计时器，甚至贴心地预设好合理时长。

3. 细腻到极致的贴心设计

例如计算器：能记录计算步骤。重点是当计算步骤多且数字串过长时，只要点击计算结果后面的小箭头，自动将“=”后的计算结果发送到计算器输入界面，不用像传统计算器一样手动输入。

android

ios

第七章 纵横百科

android

ios

客户端名称

理财导航

主营业务介绍

1. 传统行业主营：陶瓷、洁具、石材、水暖的零售批发。

2. 从事房地产的买卖以及联网关键词，域名，TM商标的投资。

企业法人谈移动互联网

根据目前及以后人们使用智能手机的趋势，可以坚定相信移动互联网的商机无限，移动互联网正向更多传统领域渗透。

“移动互联网”是传统行业与移动互联网的融合。制造、广告、通信、物流、医疗、教育、旅游、餐饮等等，几乎所有传统行业与服务都在被移动互联网改变。传统行业向移动互联网迁移，带来资金流、信息流、物流，形成新的平台，产生新的应用，带来产业或服务的转型升级。“移动互联网”模式将给各个行业带来创新与发展的机会。

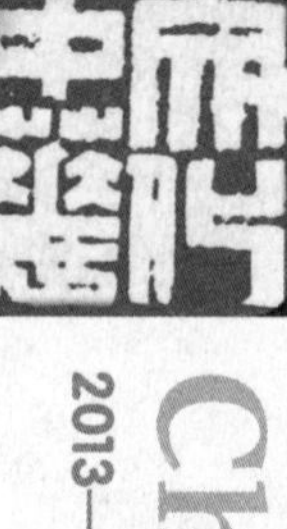

android

ios

客户端名称

文化中华

主营业务介绍

名家书画、邮币收藏、传统国学、经典百家、佛学智慧、电子商务等。

企业法人谈移动互联网

移动互联网的迅猛发展，带来了企业市场营销方式的深刻变革，传统的营销理念和模式正在受到剧烈的冲击，在此形势下，谁最早掌握并成功使用移动电子商务这个强大武器，谁就最先获得成功，这一点已经得到了越来越多的人的共识。而伴随移动互联网到来的移动 APP 时代给品牌推广带来了新的挑战，消费者不再像以前那样只能被动地接受广告、活动宣传和推广了，除了更加精准和定制性外，消费者已经从被动转变为主动，消费者可以决定你的移动 APP 的存留、消费者主导着与你互动与否，从某种程度上可以说是生产型消费者。我们就是要借移动互联网这个强劲的东风，乘风破浪，行稳致远，实现我们宏伟而又远大的梦想！

客户端名称

养老网

主营业务介绍

养老网电商平台，主要面向于全国养老机构、医院、商场、家政等服务业提供平台。

企业法人谈移动互联网

2014 年全国两会前夕对“2014 年民众最关心的话题是什么”的调查结果显示，稳定物价、收入分配、食品药品安全、住房保障和养老并轨，是今年公众最关心的五个话题。其中半数以上的受访者对养老问题表示关注。与往年对比可以发现，养老问题及生态环境今年关注度有所上升。

进入移动互联网时代，信息呈爆炸式增长，资讯的传播速度加快，现在手机已经成为人人不可或缺的工具，而移动互联网是又一次信息化浪潮，也是终端消费的入口，谁拥有入口，谁就拥有了更多的用户人群。我们基于以上综合情况，把养老与手机客户端相结合，为消费者提供贴身的信息服务（如：医疗、饮食、家政等），更要拓展老人的社交、丰富他们的精神生活，打造成老年人真正需要的养老生活。关注身边老人查看养老知识，通过手机客户端应用，帮助它们掌握应急知识，推动中国养老快速的发展。

android

ios

给天下老人
一个幸福的家

客户端名称

环保用品

主营业务介绍

主要从事废水、废气、垃圾滤液处理及食用水净化，环保产品生产销售。

企业法人谈移动互联网

在西方，环保向来是一项草根运动，但同时也得到一群巨富的支持。在中国，超级富豪这一阶级刚刚出现。当各类媒体都开始大力宣传环保对人类的重要性时，人们也发现了环保确实对自己的生活乃至身体健康有很大的影响。这一切都预示着人们将越来越看重环保。随着环保理念的深入人心，越来越多的消费者选择环保、节能、绿色的产品将成为主流。而同时，移动互联网这支大军在生活中也愈发扮演着重要的角色，人们终将会把环保与移动互联网相结合。在这一背景下，环保类的APP必然会获得更多人青睐，赢得更广阔的发展空间。

android

ios

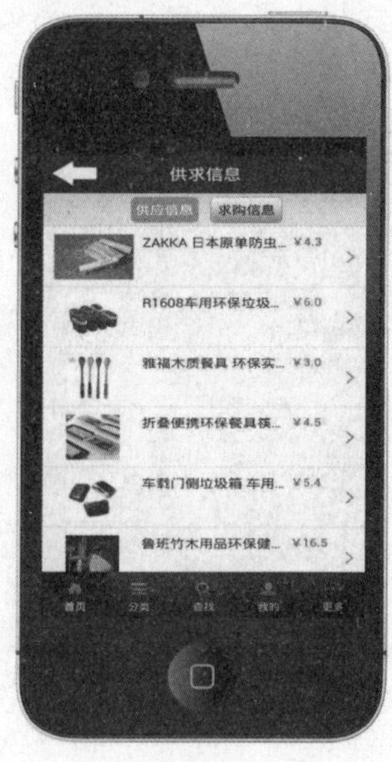

客户端名称

掌上商机

主营业务介绍

各大行业供求信息，合作信息，求购信息，行业动态，市场需求，最新政策，行业内部信息，行业资讯等综合性于一体的行业信息整合平台。

企业法人谈移动互联网

我在偶然的机会接触到移动互联网，并且产生极大的兴趣。一部智能手机在手，能下载我需要的各种客户端，随时随地浏览信息，掌握资讯，甚至可以和有兴趣的商家取得联系，方便至极。对于未来的互联网市场和移动互联网市场充满信心。相信与天下互联的这次合作会是我人生的一次机遇，相信依托天下互联的技术实力打造的掌上商机平台一定能赢得美好的未来。

android

ios

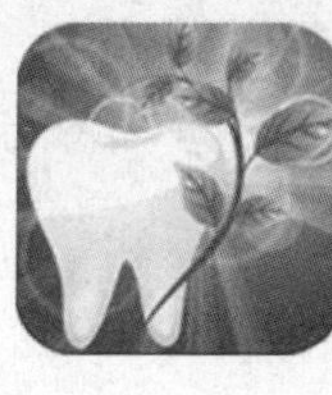

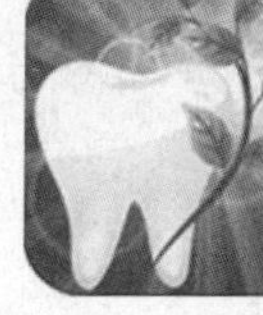

客户端名称

中国口腔种植行业网

主营业务介绍

口腔种植科、口腔内科、口腔外科、牙齿美容、牙齿治疗、烤瓷牙、正畸、冷光美白等项目。

企业法人谈移动互联网

移动互联网发展日新月异，我们许多传统行业都没有在互联网上有良好的表现。移动互联网给我们传统行业带来了新的商业机会，如果传统行业不能很好地转转型，将来肯定会被浪潮打倒。作为传统行业必须抓住时机，利用好移动互联网创造新的商业机会，成功转型，大踏步迎接新时代。充分利用客户端的优势，宣传自己的产品、企业，并维护好客户，争取让客户群不断壮大。

android

ios

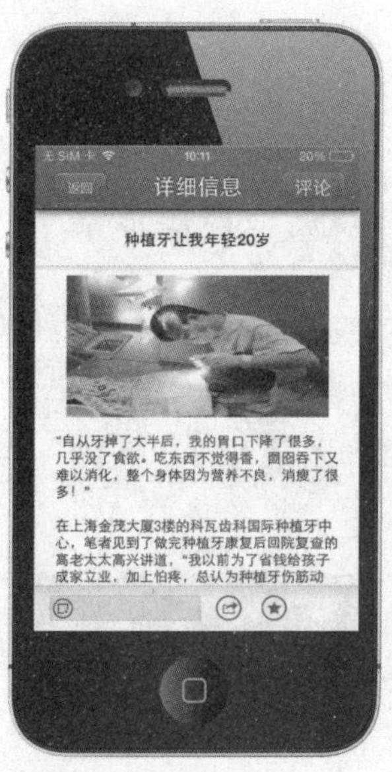

客户端名称

花木网

主营业务介绍

苗圃为主、花木种植、花卉、苗木种植。

企业法人谈移动互联网

现在移动互联网模式发生了变化。首先是搜索引擎的利用，搜索引擎像大海捞针一样，从海量数据中把需要的市场，需要的客户归拢起来。而手机客户端，给你提供了更精准化的营销，你知道这个用户在干什么，它的工作习惯、上网习惯，查询习惯，同时知道他需要什么，我应该做什么。以前我们的企业如果要做好服务的话，不外乎两种方式，一种方式建店，这个成本相当高的；另一个就是做客服中心，很时髦。这两种方式应该说行之有效，解决很多问题。但是和今天的方式去比，感觉原始了，落后了。如今好多企业都开发了企业门户客户端，这样为企业提供宣传渠道，掌握互联网入口，提供很便利的条件。

android

ios

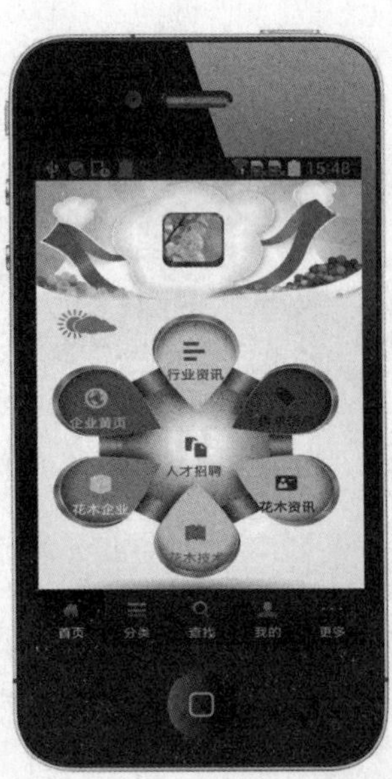

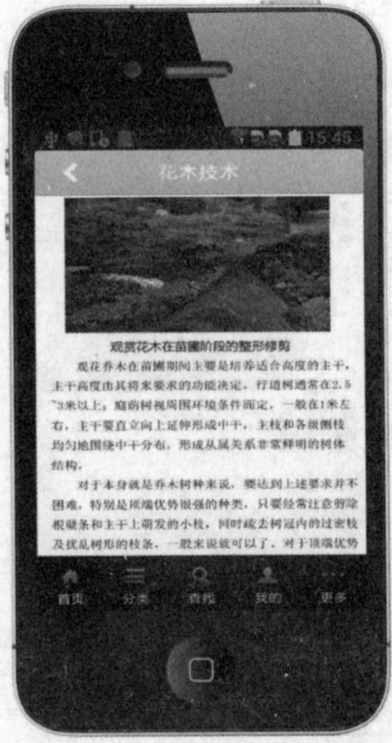

客户端名称

环保饰品

主营业务介绍

宝奇娜饰品、 绿贝饰品、 伟纳饰品 、合金饰品、环保饰品、 水晶饰品等。

企业法人谈移动互联网

最近几年，中国网购市场日益壮大。移动互联网的发展会是现在和以后发展的主流。随着社会科技信息化水平的不断提升，移动互联网已演变为社会生产的新工具、经济贸易的新途径、科技创新的新平台、公共服务的新手段、文化传播的新载体、民意表达的新媒介、生活娱乐的新空间。互联网在带动传统产业转型升级、服务两化深度融合、推动经济发展和社会进步、提升政府管理和公共服务水平、促进社会主义文化建设、改善人民生活质量、增强国家综合竞争力等方面发挥了越来越突出的作用，做出了越来越重要的贡献。

android

ios

android

ios

客户端名称

长沙酒店

主营业务介绍

提供旅游攻略、国内外酒店信息，酒店相关行业供求信息的发布、广告宣传、人才招聘等服务。

企业法人谈移动互联网

有人会说，移动互联网就是将原本PC端的服务搬到了手机上，这确实有道理。从某种意义上说也正是这样终端的转变，才给人们的生活带来很大的改变。外出旅行时，你不需要带沉甸甸的课本了，因为有电子书，可以拿着手机很方便的阅读；出门逛街不用担心迷路，手机上不仅有指南针，你也可以拿出手机来查查到达目的地的路线图，如果觉得这还不够，还可以使用实景导航，让它引导你到达目的地；想找寻附近的银行、饭店，你也可以拿出手机来查一下；到商家消费时，不必再像以前那样打印纸质优惠券那样麻烦，只需要在手机上找到电子优惠券消费时出示一下就可以了。

之所以说互联网改变了这个世界，很重要的一点在于人们生活中的很多难题都可以通过互联网来解决，说得更大一点是互联网使人们的生活更美好。可是在以前我们只能用台式机或笔记本来说使用互联网，所以互联网的很多服务也要受限于终端设备，而智能机的出现却改变了这一点，现在我们所需的很多服务都可以通过手机来满足，互联网能够随时随地地为生活服务。

客户端名称

肥业

主营业务介绍

复混肥料生产研发，农作物种植与销售。

企业法人谈移动互联网

移动互联网可以为用户随时随地的提供所需的服务、应用、信息和娱乐，利用手机终端方便快捷的选择及购买商品和服务，又可多种方式支持、方便快捷。

移动客户端购物对于引导线下消费有得天独厚的优势，非常适合线上线下结合的模式。智能手机正在快速改变着中国城市人群的生活方式。人们随时随地都在使用智能手机。据有关调查数据显示，用户使用智能手机上网的时间已经远远超过了打电话的时间，其中家中(66%)、旅途中（59%）、乘坐交通工具中（52%）、餐厅（38%）及商场（30%）是使用最频繁的地方。强大的用户数量以及用户粘性特点，吸引了一大批传统企业的“眼球”，他们纷纷抢滩智能手机客户端最热门的平台APP，为品牌推广和营销拓展寻找新的突破口。在传统媒体效果越来越不如人意的情况下，再加上PC互联网营销成本的逐步增加，尤其是一哄而上的搜索引擎竞价成本的不断提高，APP移动互联网平台对于销售点业绩的提升起到了实际效果。

android

ios

android

ios

客户端名称

中药材

主营业务介绍

1. 实验、研究、种植开发优良品种推广；

2. 收购、加工（深加工）各类中药材；

3. 经销种籽、种苗、有机肥、药材专用肥，植物幼苗除草剂，专用农药，新型药材烘干机，药材开挖机等设备供应，以及各类药材成品、保健饮品。

企业法人谈移动互联网

移动设备已成为人们生活中最重要科技产品之一，“人机合一”的关系将更加牢固。中国城市的智能手机用户无论在家里、旅途中、乘坐交通工具，还是在餐厅及商场消费，随时随地都在使用智能手机。随着移动应用程序的普及，手机已经不再只是一个基本通讯和信息传递的终端。使用智能手机与平板电脑的用户群正以惊人的速度增长，同时用户的消费方式，消费习惯和消费行为都在随之改变。手机真正解决商业需求。移动互联网服务使我们可以“实时实地”获取各种信息，这也正是移动互联网的魅力所在。

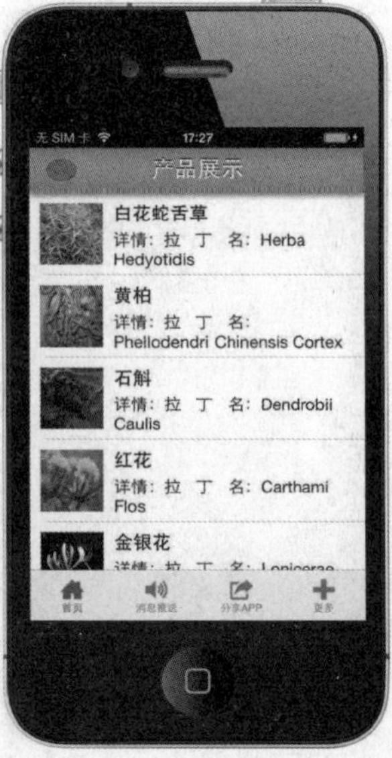

客户端名称

重庆宾馆网

主营业务介绍

主要经营旅馆住宿以及相关服务项目，现有标准客房45间，满足同时90多人入住，经营状况良好，主要接待出差、旅游人士。

企业法人谈移动互联网

互联网的精髓是自由和分享。这个东西以前是这样，现在也是这样，未来还是这样。就算是我们正在经历那些反人类的东西。但这个精神和趋势必然是无法阻挡的。我们在网上没有边界地分享我们的数字信息，或公开，或私密，无论是我的发邮件，写博客，织微博，还是看视频，听音乐，写评论，都是自由和分享的体现。移动互联网会把这个事体现到极致。

移动互联网绝对是个了不起的东西，因为互联网是移动互联网的子集，因为静止是相对的，移动是绝对的，所以移动互联网必然是未来的一切……

android

ios

客户端名称

企业咨询网

主营业务介绍

主要从事涉税服务、涉税、签证、税务审计、财税咨询等。

企业法人谈移动互联网

移动通信网和互联网深度融合，催生了移动互联网。移动通信网具有很强的管理控制和随时随地的接入能力，但是网络开放性不够，应用较为单一；而互联网具有丰富的内容信息资源和强大的业务创新能力，但不能做到随时随地的移动接入，缺乏良好的管理控制能力。两者深度融合之后形成了优势互补，促进了移动互联网的发展。在融合过程中，移动互联网由传统的“以运营商为中心”向“以用户为中心”演变，围绕客户的“个性化服务”成为业务创新的重要驱动力，同时用户本身也成为移动互联网内容的提供与分享者。

移动互联网，是一种发展趋势，也是未来最有发展潜力的行业，因此，企业咨询网将专著于为各行业各岗位提供一个交流的移动互联网专业平台，并为企业提供较为专业和有意义的短文。同时，为企业提供一个在移动互联网上发布产品销售的平台。

android

ios

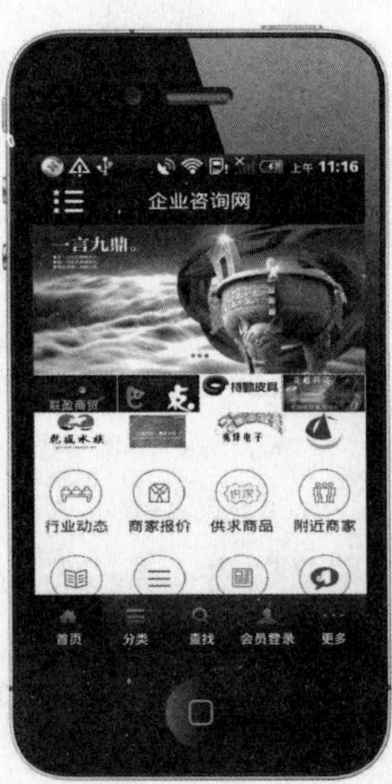

ios

客户端名称

画家网

主营业务介绍

专业的传统文化供求资讯平台。

企业法人谈移动互联网

移动互联网时代的到来，是中小型企业突破传统单一营销模式的新机遇，但是由于这些企业中的绝大部分缺乏成功的网络运营经验，他们的资源和优势都在所从事的传统文化行业里，传统行业应规避自己的短板，找到最能满足自己企业需求的服务商合作共赢，共同创建一个提供信息咨询的平台。在众多的互联网公司中，我选择了天下互联，看重的是它的实力和在行业中的翘楚地位。

客户端名称

代驾网

主营业务介绍

主要产品为休闲女式皮（革）鞋。

企业法人谈移动互联网

2014 年是中国移动互联网市场爆发式增长的一年，代驾网手机平台应运而生。随着行业发展的不断规范与成熟，其市场潜力也将迅速显现，代驾网立足于互联网技术和智能手机的高速发展，突破了传统代驾模式的束缚，科学的优化资源配置，持续创新、不断优化用户体验。代驾网始终秉持走正规、专业的路线，相信在移动互联网的协助下，随着中国代驾市场的壮大，整个代驾行业将进入一个飞速发展的黄金时代。

android

ios

android

ios

客户端名称

淘房网

主营业务介绍

房屋租赁、买卖。

企业法人谈移动互联网

伴随着网络、终端、安全和标准等领域诸多关键技术的不断突破，移动互联网近来呈现出了突飞猛进的发展态势。移动互联网时代，手机承载了越来越多以往要通过电脑才能实现的操作，这股浪潮也为像房地产这一类的传统行业带来新的变革。越来越多的人喜欢在网上浏览房源信息，甚至通过网络付款成交，抢占移动互联网的影响先机就显得尤为重要。“淘房网”客户端就是在这种浪潮下应运而生的。

客户端名称

众乐宝

主营业务介绍

资金存储、为资金实力并不雄厚的中小卖家的资金周转，帮助卖家释放出一笔流动资金。

企业法人谈移动互联网

移动互联网的出现，使企业在经营模式上实现了创新，生产线路提升，营销渠道拓展，管理和营销成本降低方面出现很大的改变。移动互联网下的机遇，应该说国内移动互联网用户群体，是全球第一的。特别随着 3G、4G 的广泛应用，智能消费普及，和移动互联网转变。手机网络规模达到 5 亿，超过电脑，成为第一大上网终端。腾讯的微信用户已经超过 6 亿，OT 业务比较快速。大家后续经营当中一定要多利用移动互联网渠道关注自己，多关注移动互联网发展，关注移动互联网发展就是关注你自己的发展。

android

ios

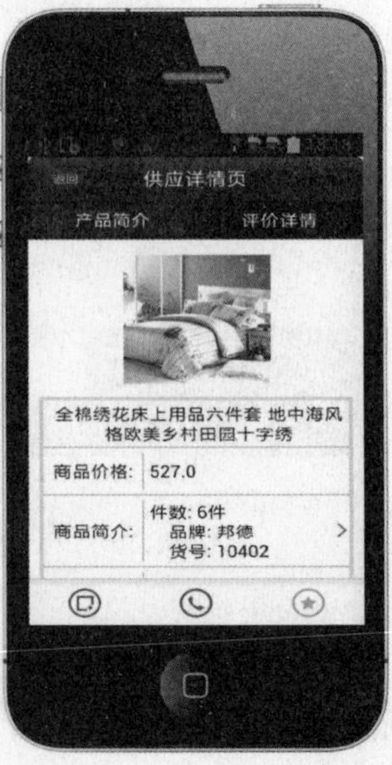

android

ios

客户端名称

代驾在线

主营业务介绍

各类代驾。

企业法人谈移动互联网

世界卫生组织在事故调查中显示，大约有 50%–60%的交通事故与酒后驾驶有关，国内每年因酒后开车造成的事故高达数万起。人们越来越注重法律和自身的安全。在这样的背景下，代驾作为一个新兴产业在国内悄然兴起。

中国移动互联网行业已经有了近三年的发展，而 APP 则是移动互联网中的重中之重。具备相当体量的公司已经在 APP 领域内搭建出各自的竞争平台，其格局已初具雏形。在这种格局下，APP 应用的体验模式就成为企业在这一领域内克敌制胜的“法宝”。APP 依靠用户保有量大、起步时间早等优势，成为现今 APP 应用体验的主要模式。随着人们生活水平的提升，移动互联网将迎来井喷式的发展；随着人们安全意识的提升，代驾类 APP 也将迎来一次高峰。

客户端名称

红楼梦

主营业务介绍

专精于大型展览会议、活动、各种 POP 制作、企业整体形象策划、市场传播推广咨询服务等立体行销解决方案的制定与实施的专业化公司。

企业法人谈移动互联网

移动互联网现在主要体现在手机应用上，手机 mobi 域名和客户端是不可或缺的推广方式。正所谓需求是生产的动力，在整个移动互联网的浪潮驱动下，用户需求激发了众多企业甚至是媒体都进入移动应用市场。手机 mobi 域名可以自己用也可用来做投资等升值。开发手机客户端，可以直接让针对性客户了解你的产品和服务，增强用户黏度，提升自身品牌形象，让客户自己找上门。

android

ios

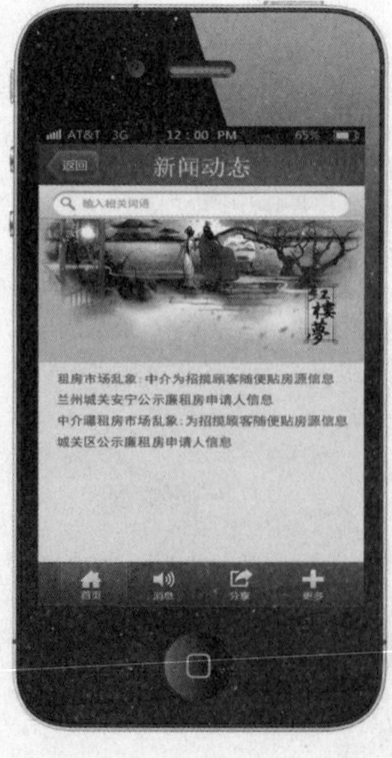

客户端名称

中国人才网

主营业务介绍

供应水性聚氨酯、环保类乳化剂、洗涤化工原料、有机硅、NP（TX）系列、聚乙二醇、乙醇胺等系列产品。

企业法人谈移动互联网

移动创造了巨大的挑战和机遇；移动带来了娱乐、通讯、媒体和商务新方式。当前智能手机的普及过程进入了发展好时机的后期，发达市场已接近饱和，最大的机遇在中国。

从智能手机的普及到社交网络的蓬勃发展，从大数据概念的兴起到O2O模式的流行，手机作为一种联系工具，决定了移动互联网的主要服务对象是人群而非个人。手机不仅是信息平台，而是链接各信息节点的核心枢纽。我粗浅认为，互联网特别是移动互联网的特性在于最大能量释放效率，最大可能打掉中间环节，最大限度掠夺终端用户。“得终端者得天下”。这就是互联网变革给我们带来的挑战与机遇。

android

ios

android

ios

客户端名称

中国文交网

主营业务介绍

文化艺术类网络关键词的投资及经营运作。

企业法人谈移动互联网

互联网和移动互联网的迅猛发展，无限大地拓展了市场空间；无限量地加速了信息传播的效率和速度。并且，无边界地将各方优势资源整合在一个平台之上，使一切皆有可能。文化艺术品交易流通的最大障碍是没有公平公正的鉴定评估机制和交易流通平台，银行等金融机构无法介入。在国家鼓励发展文化产业的政策支持下，各地“文交所”如雨后春笋般发展起来，探索艺术品市场与金融接轨有效模式。“中国文交网”旨在利用“五网合一”平台技术和移动互联网 APP 客户端优势，适时快捷地汇集各地文交所发布的艺术品上市交易信息，为艺术品投资者和收藏家提供服务。

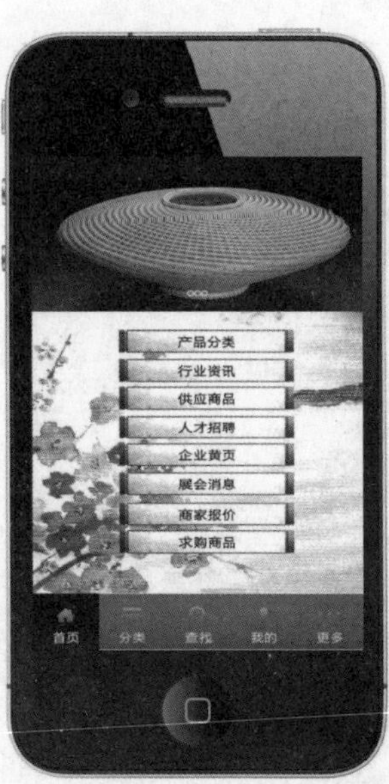

客户端名称

24 小时家政服务

主营业务介绍

家政、劳务派遣、职业培训、职业介绍、婚庆介绍、社区服务、物流配送、育婴员、育婴师、家庭厨师等技能型服务。

企业法人谈移动互联网

现在的社会发展十分迅速，人民生活水平及条件逐渐提高。需求也越来越丰富，社会老龄化、家庭结构简单、职业压力大等因素使得越来越多的家庭需要家政服务。

移动互联网是企业在扩展之路上的必备工具，是帮助企业真正实现 O2O 营销模式。作为家政行业 O2O 的先行者，我们公司搭建了一个 24 小时家政平台，通过与用户分享、有效地提高了营销效果，降低广告费用，节省人力，经营场地带来的开销。实现线上需求与线下资源的有效对接，建立独立的品牌形象。移动互联网买卖双方信息交流低廉，快捷，全方位展示产品及服务的优势，24 小时无间断的运作，大大提高了家政服务行业竞争优势及商机！

android

ios

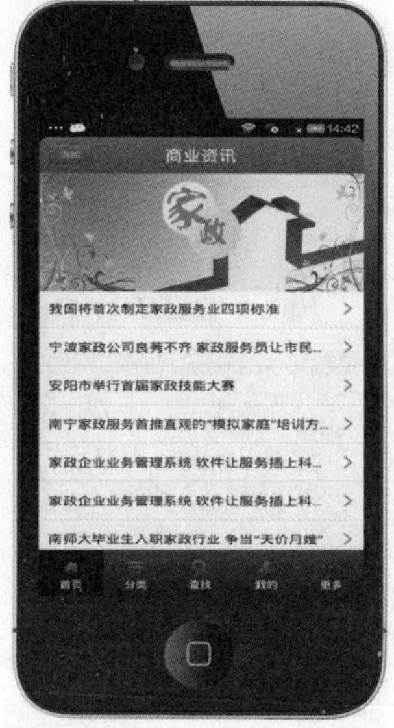

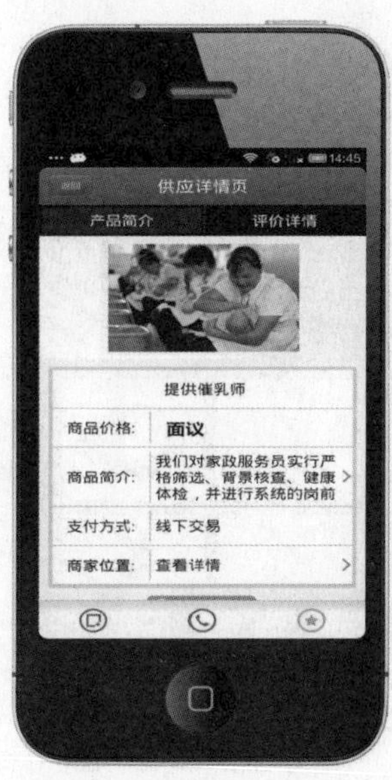

android

ios

客户端名称

典当

主营业务介绍

1．中国典当网络销售；

2．商务物流、社会经济信息咨询服务、投资管理咨询、商务服务、营销策划、企业策划、展览展示服务、会议服务等。

企业法人谈移动互联网

移动互联网商业模式的创新一定匹配行业发展的要求，应该适合移动互联网发展环境，给企业带来最大的价值。而对于现阶段想要投入网络营销的中小型公司而言，移动互联网成了一块“香饽饽”，无论是进行产品推广还是产品售后服务，互联网营销竞争带来的方便性以及营销效果都是相当的好。APP 趋势是一个全球现象；中国成为 APP 增长最快的国家之一；APP 正对很多行业产生变革。人们花费在 APP 上的时间已经超过网页，而且势头不减；移动广告的增长机会正在快速崛起。

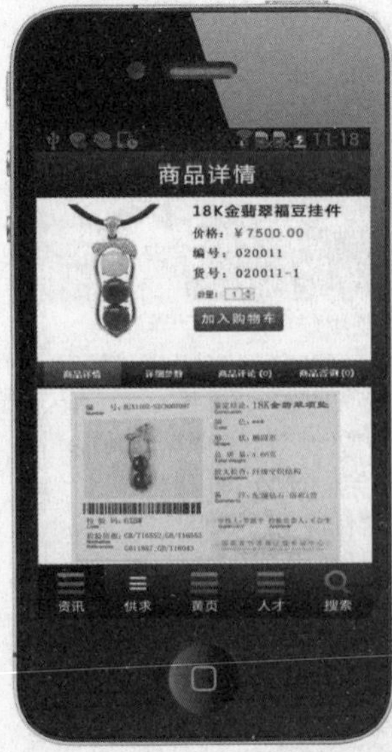

客户端名称

户外用品

主营业务介绍

户外运动装备、户外服装、户外鞋包、野营出行装备等户外产品销售。

企业法人谈移动互联网

在移动互联网时代，营销不再可能仅靠一味向消费者进行单向理念灌输，就能轻易达成交易目的，以用户为主导的双向甚至多向互动才应是当下APP营销模式的主旋律。谁能充分利用消费者碎片化的时间，最大程度地与用户进行互动，与用户随时、随地、贴身的交流和对话，谁将更能抢占APP营销的先机，在互动中达到拉近与消费者的距离的目的。完全个性化设置和操作，让手机端呈现出网站端的丰富内容和炫酷体验。用户可以随时随地地浏览商品，不受制约的购物体验，使网购更加自由化。各大电子商务网站纷纷推出了手机端，转战移动互联网。在未来，手机端的成败将决一定程度上定着电子商务的未来。

android

ios

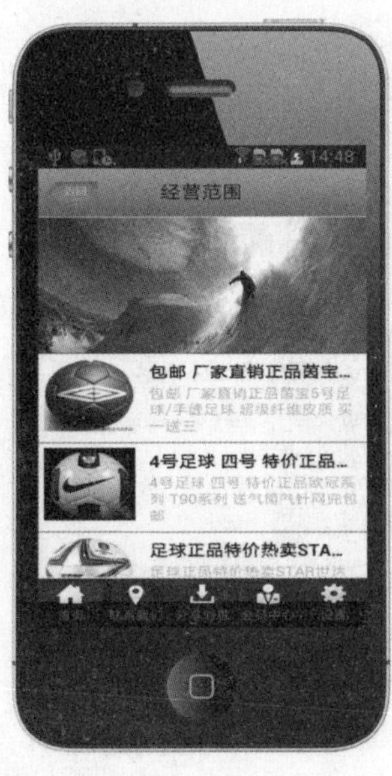

客户端名称

物流查询

主营业务介绍

1．金融投资领域，炒股票、期货、现货、基金等投资。

2．物流查询客户端为物流相关行业提供信息发布，建立会员黄页等。

企业法人谈移动互联网

移动互联网的互动性，传播性，快捷性，高于其它媒体，已经渗透社会的各个领域。移动互联网进入到人们的日常生活，人们随时随地地享受着移动互联网给人们带来的方便，快捷，便于查询及获得相关资料。互联网推动着人们生活方式的重大变化，人们可通过互联网可获得有价值的信息，还可根据市场的变化，及时更新信息。商家能在第一时间将公司的资料和产品发布、促销等信息瑞松到消费者的手机上，而消费者则可以通过留言、评论等方式与商家进行商务沟通。此外，一键分享、一键客服、地图服务等非常实用的功能，也给消费者带来了出色的使用体验。

android

ios

android

ios

客户端名称

机票特价

主营业务介绍

国内、国际特价机票查询预订业务。

企业法人谈移动互联网

机票预定行业与国际市场接轨已成为大势所趋，机票预定行业要迎接这场挑战，就必须提高整体竞争能力，变革管理模式，提高管理水平。而且随着移动互联网的高度发展，手机订票系统成为当今的一大必然趋势。相信在移动互联网的协助下，随着手机订票市场的壮大，整个行业将进入一个飞速发展的黄金时代。

客户端名称

美容（SPA）

主营业务介绍

美容产品代销、养生保健、健康管理服务的综合平台。

企业法人谈移动互联网

科技在进步，人们的生活水品和审美水平也在不断提高，正是对美的不断追求，美容/SPA应运而生。移动互联网给我们传统行业带来了新的商业机会，如果传统行业不能很好地转转型，将来肯定会被浪潮打倒。作为形式传统、内容新颖的美容行业更要充分利用移动互联网的优势，不断发展创新，从服务模式到客户维护，做到全面周到。

android

ios

客户端名称

浙江大酒店

主营业务介绍

酒店预订、团购业务的电商平台。

企业法人谈移动互联网

移动互联网第一次把互联网放到人们的手中，实现24 小时随身在线的生活。正如中国移动一句广告语所说的那样——“移动改变生活”，移动互联网给人们的生活方式带来翻天覆地的变化。越来越多的人在购物、用餐、出行、工作时，都习惯性地掏出手机，查看信息、查找位置、分享感受、协同工作……数以亿计的用户登录移动互联网，在上面停留数十分钟乃至十多个小时，他们在上面生活、工作、交易、交友……衍生出无数商机，使得移动互联网成为当前推动产业乃至经济社会发展最强有力的技术力量。

android

ios

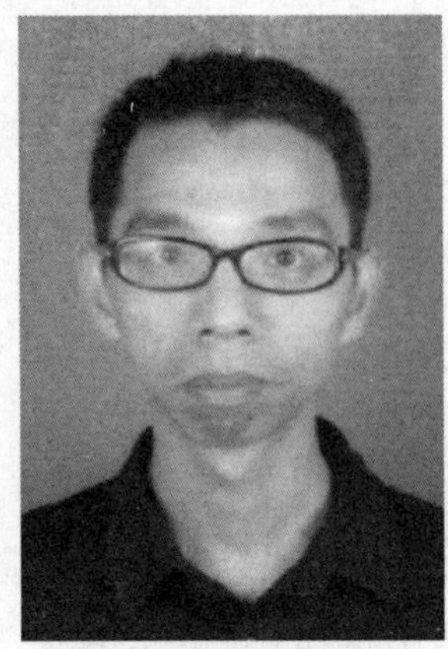

客户端名称

浙江住宿

主营业务介绍

主营产品涵盖中央空调、中央采暖、中央净水、智能集成、家用电器、橱柜厨电、指纹锁等领域。

企业法人谈移动互联网

随着信息技术的发展，互联网经济时代已来临，从而创造了一个个诸如淘宝“双十一”日销售额高达 350 亿之多的神话！这基本上是像我们做线下销售永远不可能完成的任务，而目前中国手机用户数已突破 11 亿，加上 WIFI 的逐步普及，故移动互联网必将站在网络经济的前沿，成为舞台的佼佼者。我作为现实生活中的普通一员，不仅只想成为其中的贡献者，更想跟上时代发展的车轮，并通过“浙江住宿”的移动互联网平台，成为网络经济的“淘宝者”！

android

ios

客户端名称

租房

主营业务介绍

二手房买卖租赁、装修设计、建筑材料销售等业务。

企业法人谈移动互联网

移动互联网创业的第一次窗口期是 Feature phone 时代，典型应用的比如大众点评这样的传统互联网服务都是借助智能机时代的窗口期完成了新的转型。可惜这个阶段已经在走向尾声，2013 年商业化开始明显加快，很多中小型开发者和发行渠道发现生存越来困难。

至于下一个创业窗口期是什么？我们认为是一个以手机为中心，能够贯穿不同的硬件设备、使用场景和不同的移动互联网平台，互联网思维渗透到方方面面，甚至变革传统行业和家庭，如路由器或将成为家庭的一个网络中枢，或通过手机连接家里了所有设备，比如微波炉、冰箱、空调等等。移动互联网将给金融业、零售业和企业信息化带来的新的颠覆。所以未来互联网将全方位、全天候地改变人们的工作、社交和家庭娱乐。

android

ios

android

ios

客户端名称

数码家电

主营业务介绍

集美容、美体产品开发、研制、生产经营为一体的综合性实体企业。

企业法人谈移动互联网

传统企业若想要更好地融入移动互联网，就需借助外力打造企业专属 APP。移动互联网开发企业在为传统企业打造专属移动 APP 的同时，并提供后续运营服务，借助“外力”直接规避了因传统企业对移动互联网行业知识不足而造成的战略风险，通过外包跳过了对科研人才的限制，并且较大地缩短了企业专属 APP 开发周期。然而 App 想要让用户保持粘性，企业还需要对用户需求进行分析，不断优化用户体验和产品。

如此，移动互联网这块大蛋糕，传统企业看得到，当然也可以吃得到。

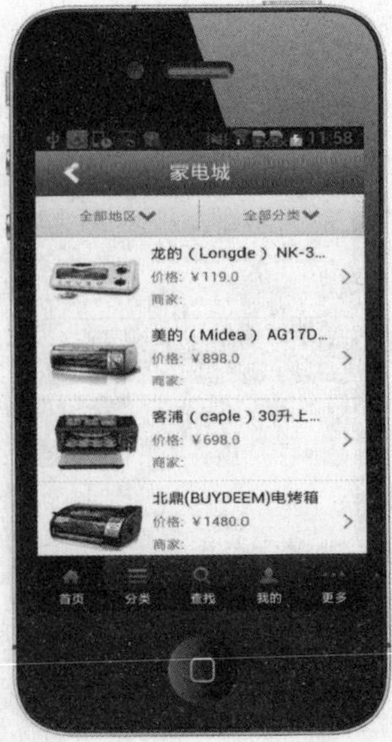

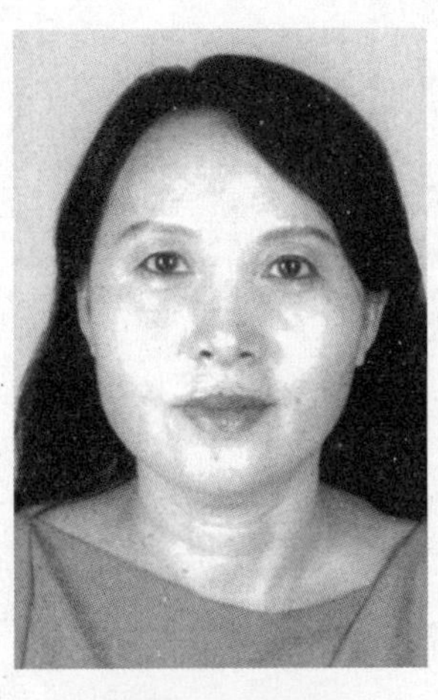

客户端名称

金融网

主营业务介绍

为用户提供财经，基金，股票，大盘，个股等金融服务。

企业法人谈移动互联网

移动互联网是近几年迅速发展壮大的一大网络产业，互联网创造了经济神话，而移动互联网更是将这种神话更好的有效的延续下去。我认为，移动互联网将人与人之间更加紧密地联系在了一起，从移动终端，接入网络，应用服务、安全隐私保护这几大方面，更有效地为人们服务，带来生活的便捷，这是我们所看重的。我希望移动互联网能创造更多的奇迹。

android

ios

客户端名称

男性用品

主营业务介绍

成人用品及其他成人用品及保健用品。

企业法人谈移动互联网

移动互联网拥有广阔的前景，对互联网企业来说，可谓是一块巨大的蛋糕，谁都想抢先进入这个市场，赢得先机大咬一口。因此，可以预见，对移动互联网行业市场与用户的争夺将越演越烈，而这些潜在的用户拥有着与以往不同的特点，也使得互联网企业的下一步战略将面临更多的挑战。将成人用品销售搬到移动互联网上，既保护了消费者的隐私，让其放心购买，也为商家带来盈利，可谓双赢。

android

ios

android

ios

客户端名称

园林景观在线

主营业务介绍

大乔木、灌木、造型花卉苗木的代销。

企业法人谈移动互联网

移动互联网改变了信息交流、互动方式。任何时间，任何地点，任何对象，任何信息，沟通方式成为一个核心的关键。过去我们获取信息可能从传统的报纸、杂志和其他的渠道，现在一个人每天获得最多的信息都是来自于移动互联网。一个人所有的决策取决于我们获取信息的方式，取决于我们掌握信息的全面和数据等等，当你获取的信息变了，你决策的思维，你的价值观和思考模式就全变了。

客户端名称

钻石珠宝代理

主营业务介绍

钻石珠宝代理，通过网络平台销售钻石珠宝。

企业法人谈移动互联网

android

ios

中国电子商务从模式创建到大范围兴起不过短短几年时间，还处于不断摸索和完善阶段。网络购物信用环境依然处于初级阶段。当前网上交易最大的瓶颈不是技术，而是信用，网站侵犯消费者利益的事件不断。由于网上信用问题得不到保障，无形中造成了电子商务交易成本的提高——为了防范风险，买卖双方要不断频繁通过电话、传真或电子邮件联系确认，这就增加了交易成本。在这种市场环境下，中国的珠宝网售企业如果单纯依靠网络营销渠道，将很难建立自己的品牌。所以我想利用传统店面渠道带给消费者的心理安全感。并在区分网上、网下产品线的基础上，给消费者带来更便捷的消费生活。

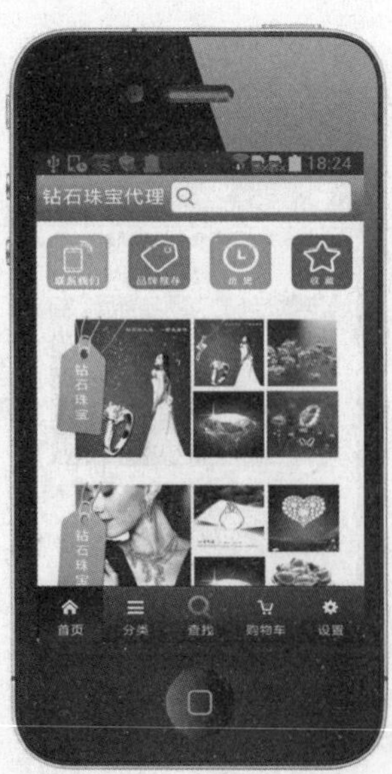

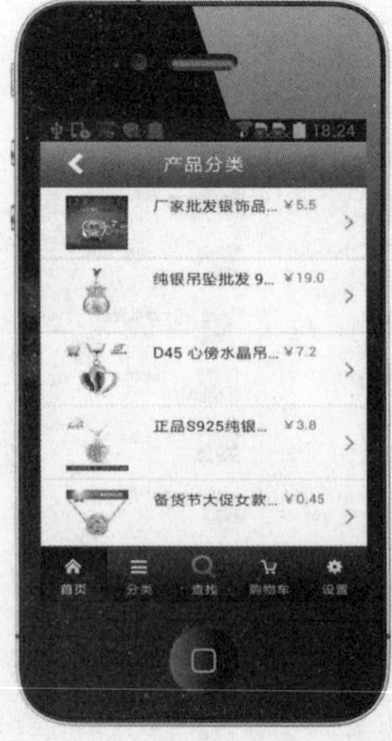

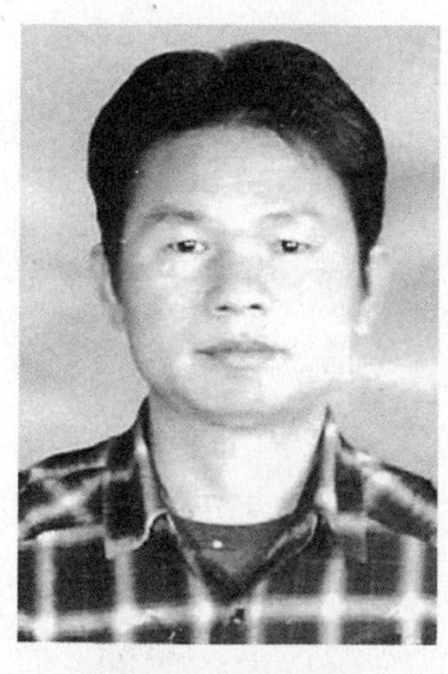

客户端名称

郑州培训

主营业务介绍

企业培训、教育培训、技术培训、供求发布、黄金广告位招租、公关文章发布、消息推送等。

企业法人谈移动互联网

依托现代化信息技术，将教育与互联网有机结合，改变了大家的生活学习模式，传统的学习模式是以课堂为主，主要通过做笔记的方式进行知识点巩固，互联网的出现使得我们的学习记忆模式向多元化发展，通过移动互联网我们可以随时随地利用碎片化的时间来学习，坐公交、乘地铁、购物也好，吃饭也行，轻松实现随时随地的学习愿望。

android

ios

客户端名称

健康沙龙

主营业务介绍

“健康沙龙”客户端平台为各行业、企业、商家发布供求信息、企业黄页、健康咨询等信息。

企业法人谈移动互联网

移动互联网改变了人们的生活。这两年，手机从不离身，除了正常的 8 小时睡眠时间，几乎其余 16 个小时都跟它在一起，比电脑多出 10 倍以上的时间。互联网把传统渠道不必要的环节、损耗效率的环节都去除掉了，让服务商和消费者、让生产制造商和消费者更加直接的对接到一起，消费者的喜好最快速地通过网络反馈，同时还代表着互联网的精神，就是追求极致的产品体验、极致的用户口碑。移动互联网正逐渐渗透到人们的生活、工作以及各个领域。短信、彩铃、移动音乐、手机游戏、视频应用、手机支付等丰富多彩的移动互联网应用迅猛发展，正在深刻地改变着信息时代的社会生活。移动互联网经过几年的曲折前行，终于迎来了新的发展高潮！

android

ios

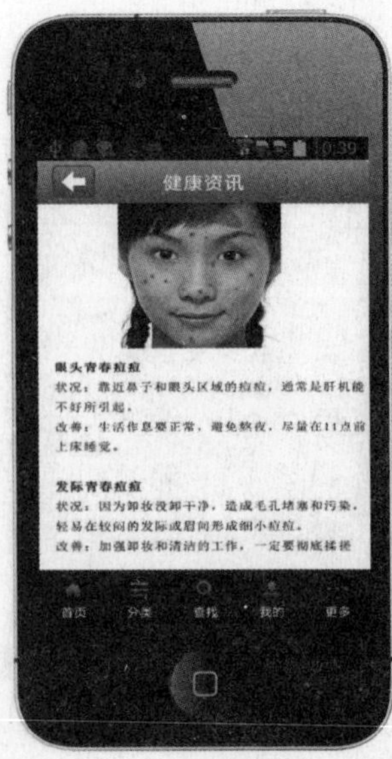

Airbnb——空中住宿，寻找奇居

Airbnb，全称 Bed and Breakfast，是个奇怪的名字，曾经被译为「床与早餐」，正是初创时唯一能够提供的两样基本服务。发展至今，Airbnb 依然很简单：帮助用户出租空闲的房间。无论您的预算是多少，无论您想去世界的哪个角落，您都能在 Airbnb 找到独一无二的、有趣的住所。

1. 探索住处

可搜索地点、时间等常规关键词，还能根据喜好组合满足个性需求：如床位或沙发、公寓或别墅。这种租赁方式打破陌生人之间交往的隔阂，体验绝非酒店可比。

2. 确认、预定

Airbnb 提供了保证金、完善的客户服务等一系列措施来保证双方的权益，预定前请先与房东确认无误后，通过信用卡成功支付后即可完成预订。

android

ios

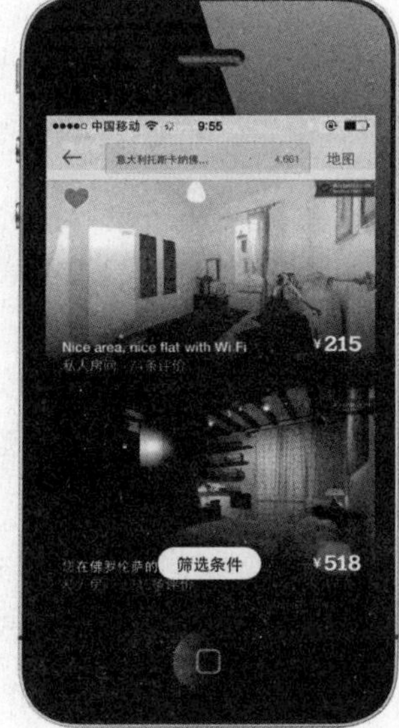

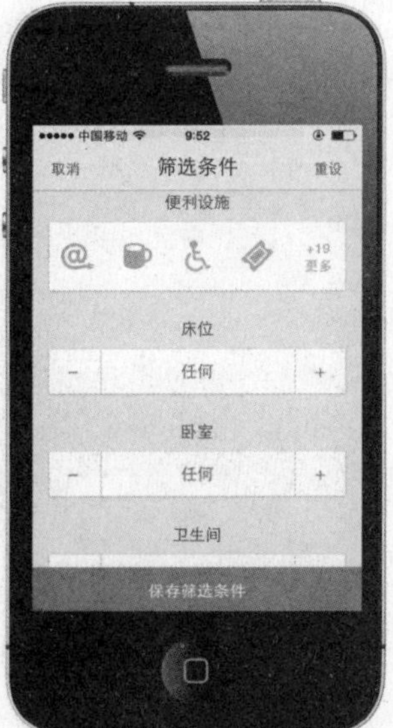

City Guides——惊叹交互之美

从消费心理学角度分析，喜欢简单是消费者对产品及品牌的一种认知习惯，人们大多倾向于信任并选择相对简单、直接和有视觉冲击力的产品，《国家地理》出品的 City Guides，便遵循了这一规律，以新颖细腻的交互方式，给人以强烈的视觉冲击和深刻的认知记忆。

1. 交互新颖

从动画到视觉效果都很炫。城市之间采用流畅的横屏切换动画效果，延续《国家地理》对照片质量的高标准，会有种感觉，呈现的不止是单纯的图片，而是关于一个城市的故事。城市地图标记画面，像一个精美的信息可视化图表，会根据你的移动，调整圆圈的位置。

2. 布局方式创新

大多应用的菜单栏以侧边栏形式出现，City Guides 将主要功能以上下结构平铺展现，简单直观，主次清晰。卡片式设计，扁平化了功能层级，配合手势的操作，减少用户的操作步骤。

3. 视觉设计精美、信息可视化

City Guides 将城市的主要信息可视化，更利于信息获取。以简单的天气界面为例：用渐变色直观告诉你温度的高低，每小时更新一次数据。手指左右滑动可查看前后时间的温度、湿度，你会惊喜的发现，数据可精确到分钟。

ios

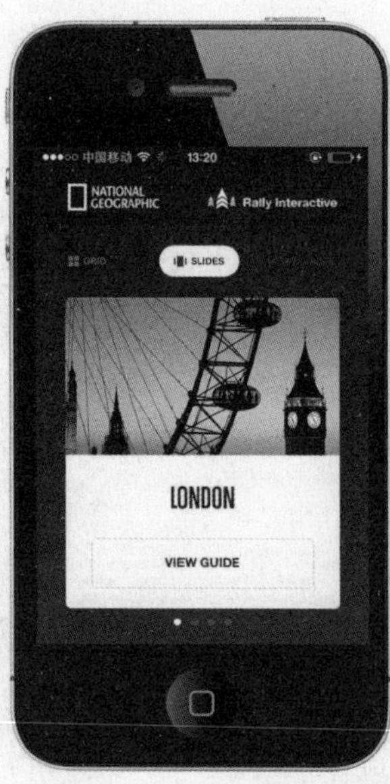

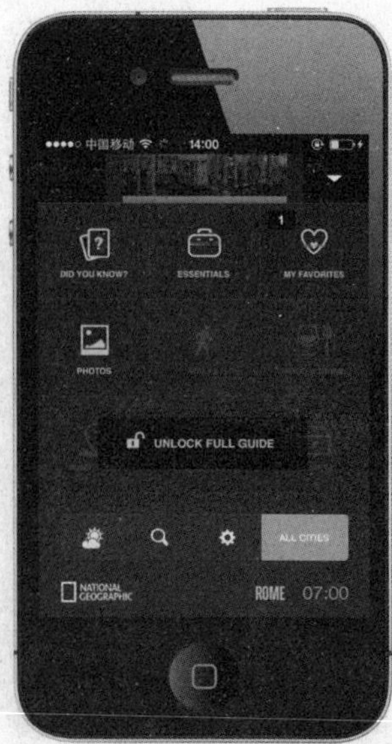

Clear——革命、创新

Clear，这个 TODO 类应用，在 APP Store 推出仅 9 天时下载量已突破 35 万次。Clear 有什么独特魅力?

完全摒弃按钮这个元素，没有 banner、没有边框、没有提示。屏幕即界面，界面即内容，所有操作都是通过手势完成，减少点击数，提高操作效率，仅从形式上就留住用户。

没有提醒，只有手势

华丽的功能和复杂的操作只会分散用户注意力，削弱 Todo 功能的本意。Clear 从一开始就坚持这种“极简”理念，不仅仅是外观设计上的美学理念，更是应用对“完成计划”这一核心的坚持。

多终端同步

支持 MAC、IPad、IPhone 同步。摇一摇即可唤出此功能，Email List 给自己，在另一终端里，打开邮件，点“Personal List”，自动打开终端里的 Clear 并已同步数据。

ios

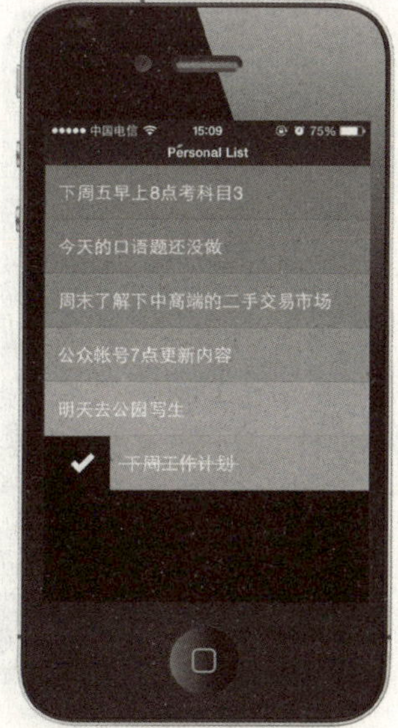

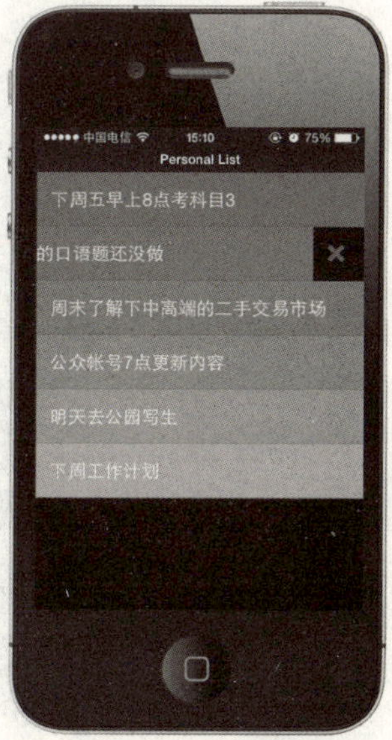

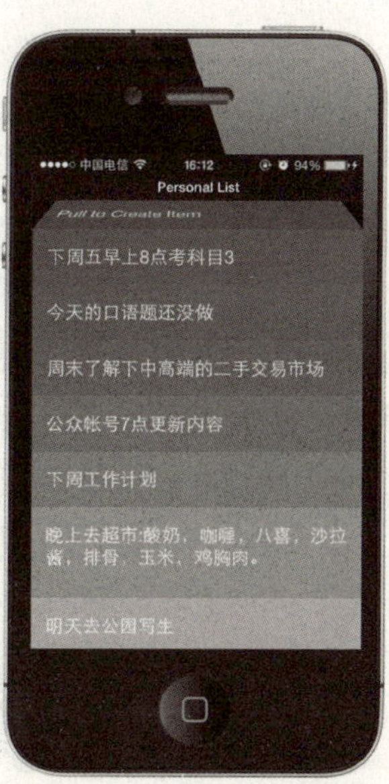

Great coffee——走进咖啡世界

常去咖啡店的人很多，但未必都知道咖啡名称的由来，甚至制作方式。咖啡作为世界第一大饮料，在进入世界各国后，都有其特定的咖啡文化及饮用方式，制作方法也五花八门。

如果你爱咖啡文化，“Great coffee”想必对你的味口，一个小姿、有格调、有情怀的 APP。

打开应用，舒缓的背景音乐让人放松，咖啡的香味仿佛透过细腻的画面唤醒你的神经，甚至会让你觉得这就是下午茶的时间。

“Great coffee”设计效果让人享受，左右翻阅切换不同的咖啡，或者从顶部的菜单，可以快速查看。

对于最常见到的“速溶”咖啡，Great coffee 是否让你对它有了更深的认识。手指下滑可查看咖啡的介绍，甚至，会用视频教你怎么泡出一杯香浓的咖啡。

ios

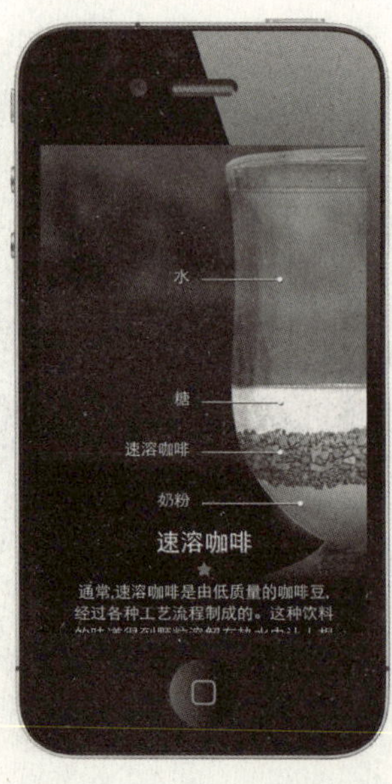

Houzz——室内设计的维基百科

越来越多的传统行业正在被移动互联网“重新定义”，其中之一就是家装行业。Houzz 便是业内翘楚，注重内容质量，每张图片都精挑细选，致力打造设计、装修、家装购物的一站式平台。

1. 确定设计风格

通过 Houzz 强大的数据库，可参照首页推荐、或按地理位置、房间类型、装修风格等关键词进行搜索，找到你想要的设计风格。

Houzz 将可购买的单品打上绿色标签，遇见心仪的设计风格或装饰单品，可以添加到自己的 Ideabooks 中。应用的交互、跳转设计非常合理，不会打断用户浏览进程。

2. 有专业设计师的强大社区

Houzz 最大的特点是整合了业主、设计师与专业家装人员在同一社区，打破了三者之间的隔阂。

3. 线上建材商城

不乏设计师的作品，但目前版本支付功能还不完善，大多商品需要链接到第三方网站进行支付。

android

ios

MemoZY——Ios上的Metro UI新体验

MemoZY最大的特点在于采用Metro UI界面展示技术，强调的是信息本身，而不是冗余的界面元素。尤其在记录整理碎片化信息时，视觉效果上有助于形成一种身临其境的感觉。

在任意位置上下左右滑动均可新建任务，每个色块代表一项任务。长按可以像Metro的磁块一样任意移动任务框的位置，改变大小。

MemoZY通过色系对事项分类，个人认为矛盾点首先在于，同色系排列利于内容归类但并不容易区分，未排列时因色差优势利于内容区分但色块混乱不利于内容归类。

其次，Metro UI的设计对于移动端的记录类应用来说不利于扩展。当记录事项多到一定程度时还能有效帮你整理思路吗?

MemoZY从纸张纹理、字体阴影、背景颜色都有多种方案选择。你也可以切换到“时间线”的视图模式查看任务。但是碎片化信息记录、灵感思路，本无时间规律可循，时间线的意义在哪里?

android

ios

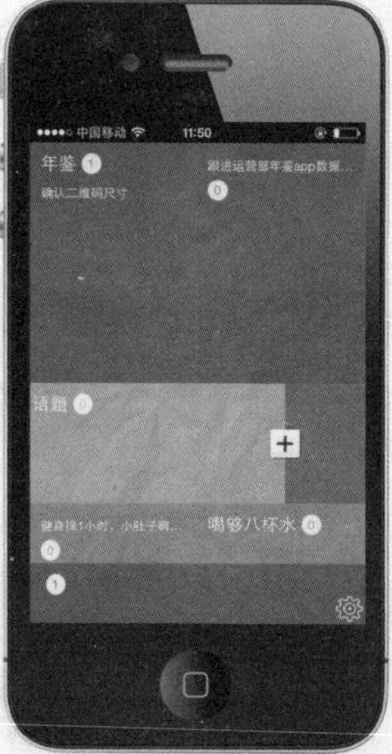

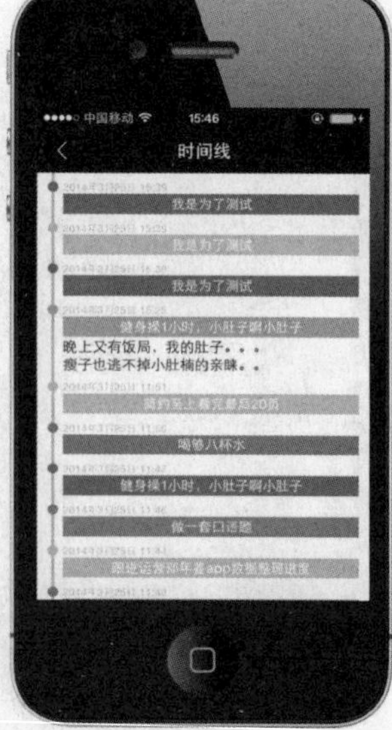

Nutrition Quiz—你专属的营养师

鸡蛋豆浆能不能同时吃？维 C 是否有助于缓解感冒？这些健康类知识应该很少有人会抱着厚厚的一本书耐心读。Nutrition Quiz 以闯关的形式，针对你选择的知识主题向你提问，无论答案对错，你都能从答题过程学习到不少健康知识。

1. 提供了运动、视频、饮料、维生素等多方面的健康类知识供学习。

2. 选择主题后，开始答题。无论对错，都会有详细的题解。

ios

One. 一个——One is all

“One. 一个”每天只更新一期，强调有趣的视角、强调文章质量、强调慢速的纵深的阅读。复杂的世界，“one. 一个” 让你沉下心来阅读。

1. 精致的内容

One 早期用户几乎都来自《独唱团》和《所有人问所有人》，从作者到读者到产品，无不渗透着文艺气息，文章依然以小说、散文为主。首页内容主要分硬告和插画（或照片）两类。

2. 问答

旧版的问答是有指向性的，针对具体人或事发起问答，答案由编辑审核筛选。V2.02 版改为自由问答后，很多答案甚至都不切题，纯个人情感抒发，形同微博。

3. 东西

从产品角度看，最大的问题在于：不同的东西页面，操作逻辑却是不一样的。Tag 标签没有起到任何实际意义。

android

ios

Pick——打造精品生活

通俗的说 Pick 是推荐美食的 APP，由编辑团队亲自探店验证而非众包的形式去大面积覆盖线下餐馆，推荐的餐馆必须精致有特色。丰富的用餐场景分类，结合街旁所熟悉的 LBS 业务精准定位搜索，打造属于你的精品生活。

1. 分类

现有内容量太少支撑不了现有分类的细致程度，很多分类都是重复内容。且很多分类毫无筛选意义，如看到“小清新”你能第一时间判断这是基于口味，还是装修风格的分类吗?

2. 内容

Pick 推荐的餐馆由编辑亲自探店，有近乎美食评论家的点评，从配图到文字都透着精致。有歧义的是，习惯了大众点评的直观点评的用户，很难通过这种过于艺术化不接地气的美食评论来做抉择。

ios

Pocket——小众群体的“稍后阅读”

即使越来越多的人利用碎片化时间阅读，“稍后阅读”对于多数用户来说，仍相当于信息中转站。但在如今信息泛滥时代，并不影响它为重度阅读者创造的价值。

Pocket 基本覆盖所有主流的阅读器，浏览器，如 Flipboard、Reeder，已关联超过 292 个应用，支持平板、手机、WEB 多终端同步。

1. 概括来说，RSS 是被动阅读，“稍后阅读”相对主动。Pocket 在设计风格上弱化 APP 本身，让用户更专注于阅读。

2. 阅读方式灵活

Pocket 提供两种阅读方式，既可以原始网页形态阅读，也可转换成简洁的文本形态，并且支持全屏阅读。文本形态下可选择更换字体调整成最适合自己的阅读方式。

android

ios

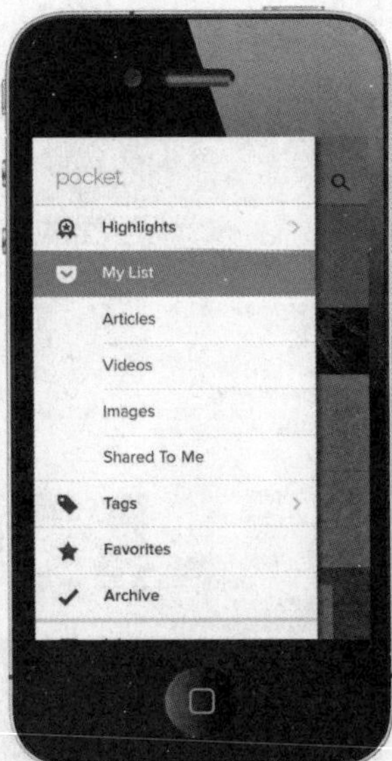

QQ 电影票——享受购票过程

网络购票应用，主要具有比价、不用线下排队购票等优势。腾讯出品的 QQ 电影票，论功能，跟市面大多数电影票订购应用并无太大差异，线上选片、选座、订票。

如果我说，QQ 产品，重的是服务，相信你会认同。基于自身产业链，QQ 电影票支持微信支付、QQ 用户快捷登录、QQ 会员专属抢票活动，且支持使用 passbook。

1. 影片选择

设计上还原影院的高清海报风格，很有视觉冲击力。“正在热映”板块以评分排高低排序，“即将上映”则按上映时间由近到远排序。

2. 购票

选择影院：通用的列表模式。奇怪的是，搜索范围选择为 500M 的情况下，地图没按用户所在地理位置定位搜索周边影院，而是显示所在城市已预置的所有影院信息。

android

ios

UNIQLO RECIPE——跨界混搭，玩味美食

UNIQLO Recipe 由来自美国各地的 6 位厨师以 UNIQLO 独特的“LifeWear”穿衣哲学为创作灵感，制作了 24 道原创菜式。将美味、时尚与音乐奇妙融合，欣赏充满艺术气息的美食，配以专门制作了的背景音乐，还能通过客户端轻松购买与菜式精心搭配的同色服饰。

1. 美食的视觉盛宴

不同于传统的图片列表或分类检索模式，UNIQLO Recipe 没有搜索，当你指尖上下滑过不同颜色的食物时，界面也会随之变化。

2. 清晰的操作步骤

没有冗余的设计和信息，结构清晰明了，配料随人数增减自动更新配比，每个步骤都会细心的标注出所需要时间，开篇时提到混搭了音乐元素，闹钟也算其中之一。

3. 服装，这是 UNIQLO 老本行

与食物搭配异常融洽的服装，如果吸引到你，点击图片后，即可转到官网购买。

ios

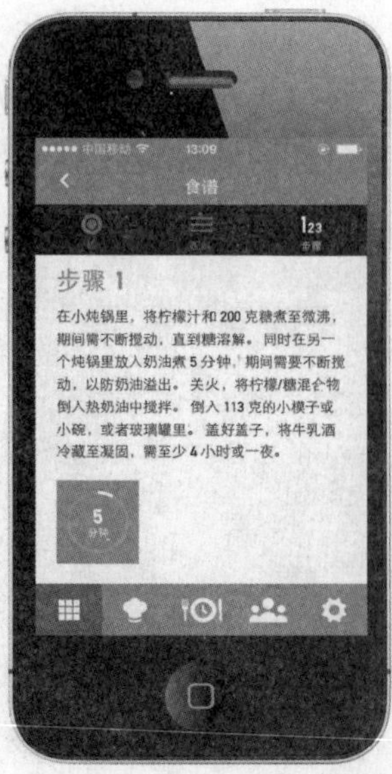

威能——采暖专家

作为一家拥有 38 年发展历史的欧洲顶尖采暖科技生产商，威能通过地理位置、居住环境、需求标准等一系列带有指引性的提问，为您计算出最适合您家庭的采暖方案，为用户打造一套量身定制的采暖解决方案。

主界面用动画通过线性布局，引导用户完成地理位置、居住环境、需求标准等选项的选择，区别于常规的表格、文字的表现形式，更容易被用户接受。

根据选项综合评定，给出适合你的解决方案，并针对性地推荐的产品。遗憾的是，商品不支持在线购买，到这个环节很有可能会中断用户操作。

ios

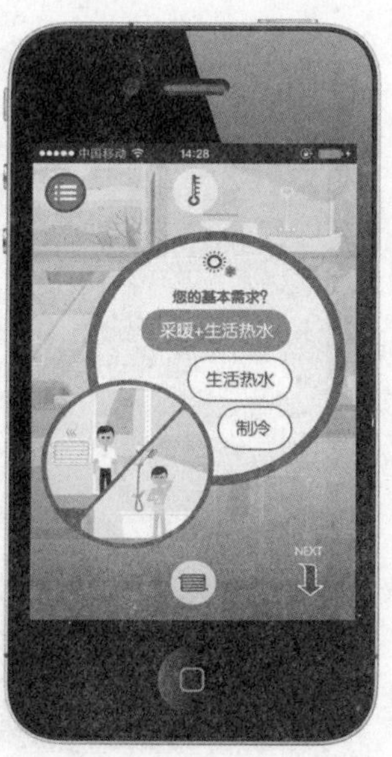

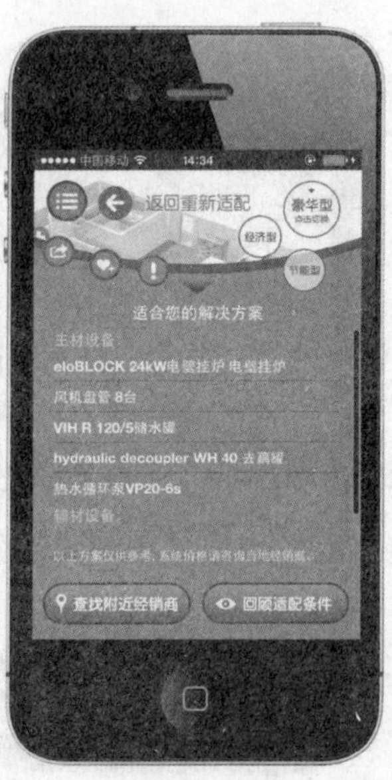

财禅——先做规划再开销

记账应用也是红海，账本记账、拍照记账、随手记，甚至有支持基金管理的。如果你有心理财，苦于单纯记账依然管不住钱或者根本控制不了钱的流向，或许财禅可以帮你。

财禅以分开管理“要存的钱”和“要花的钱”为出发点定义记账新思路。

1. 先做规划再开销

财禅希望帮你培养理财观念，防止过度消费。不懂理财没关系，“存”和“花”我们更好理解吧？你要做的是：每月先给自己设好存款目标值，开启余额功能，将钱分配到存款账户和消费账户中。

2. 快速记账

用户的消费习惯大多是规律的，财禅把标签交给用户自定义，有效减少每次分类选择的操作步骤，但免费版标签数有限制，超出需付费购买。

当你记录一笔金额为零的支出时，会显示“待购”标记，等买完之后，直接输入金额，一笔支出就生成了。既是购物清单，又记录了开销情况。

ios

彩虹公交——因为专注

彩虹公交的优势在于对数据、地图的处理能，确保公交、地铁出行方案、步行导航等结果的准确性。从上车到下车全程为你服务，如到站闹钟提醒、周边信息，用户互动等。

1. 出行方案查询

自动推荐最优方案并基于表格视图而非地图展示，节省加载时间，多种换乘方案可选。suggest 智能输入，输入首字母或目的地名称可关联相应站点， 并支持语音搜索。

2. 全线服务

基于站点连线，辐射线路周边的站点、餐饮、酒店、景点等 POI 查找和引导步行路线。在车上还可与社区用户互动。还有很多贴心的小功能：等不到公车犹豫是否要打车时，就可参考预估打车费来决定；到站闹钟基于目标站点或距离提醒你下车，太适合上车倒头就睡经常坐过站的人……

android

ios

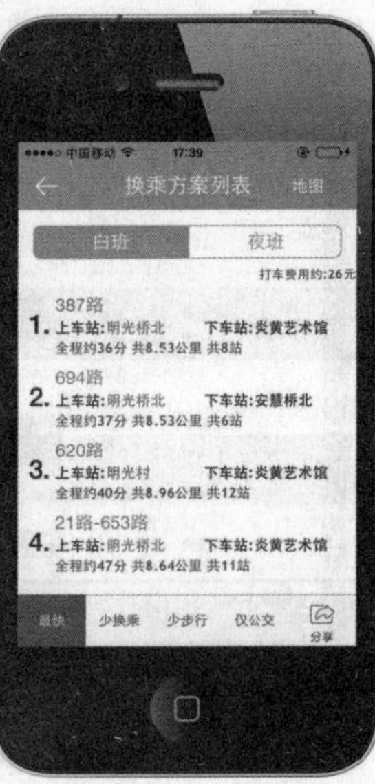

番茄快点——告别“点菜恐惧症”

“番茄快点”——帮你解决饭桌上“吃什么”的问题。从用户的点餐场景切入做工具化推荐，自动获取地理位置，定位你所在的餐厅，输入吃饭的人数及饮食习惯，自动为你推荐一桌美味。

首页采用线性布局，逻辑清晰，引导用户轻松完成主要功能的操作：选餐馆、人数、一键点菜或者看菜单点菜。10 秒钟点一桌菜不是梦。

“一键点菜”，帮你精心搭配菜系，适合对于点菜有选择性障碍的吃货。生成的菜单中能清晰看到账单，当然你也可以任意删减菜品或按照自己的习惯通过右上角的“看看菜单”自定义生成菜单。

生成菜单后，可以加菜减菜，增减份量。用餐之后可对菜品拍照分享或点赞。

android

ios

饭本——对待美食的态度

赞美食的无数，吐槽美食这件事，基于熟人关系的美食推荐和分享应用“饭本”在国内或许是先行者。它的功能实际很简单，概括起来就是 16 个字：“查找餐馆；推荐餐馆；吐槽餐馆；拍照分享”。饭本更希望通过调动你的社交关系，帮你发现更靠谱的美食。

1. 发现靠谱美食

饭本建立多种推荐机制，支持用户根据自己的喜好建立榜单，推荐理由等内容直接显示在榜单首页便于互动，最大化地满足用户对美食的个性化需求。或者基于熟人关系，获得来自好友的靠谱推荐。

2. 对待美食的态度

在其他平台上，点评餐馆只是一种广播行为，不会知道具体帮助到了谁，而饭本在设计上强调“好友私密互动”，无论是吐槽还是称赞，都会在朋友圈子内广为推动传播。

android

ios

家庭用药——专业，只为你

医药等专业领域的应用，给人的印象大多是专业性太强操作复杂，而针对于症状自检、用药方法、药物间的相互作用等这些用户最关心的问题，医药应用如何在专业价值与简单易用性之间找到平衡点，对用户来说尤为重要。

1. 清晰友好的界面

应用功能清晰，层级关键简单，突出“对症”、“找药”等主要需求，辅以“用药提醒”、“保健食品”、“二维码扫描”、“家庭药箱”的贴心设计。

2. 专业细致的服务

家庭用药通过“对症找药”的功能解决病症自检、服什么药的问题，“药品说明书”页面解决服药方法的问题。在特定的药物信息上标注了“药物安全警示信息”提醒特别需要注意的事项。

android

ios

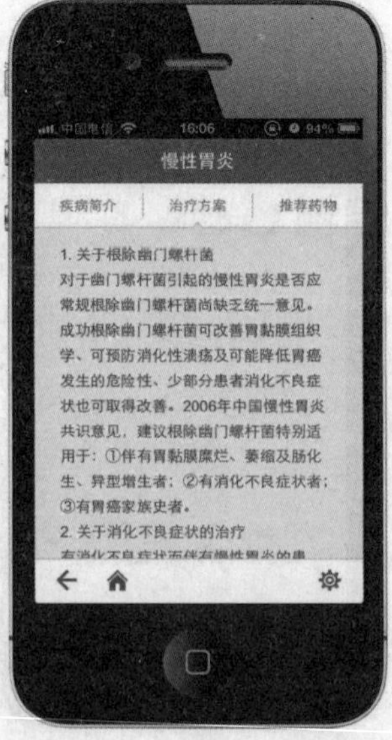

驾考宝典——随时随地学交规

如果说阅读、资讯、教育类的应用中，哪些切中了用户的强需求，驾考知识类应用算一类。

用户体验好的驾考类应用价值体现在：题库知识点覆盖全更新快；习题分解、模拟考试等多维记忆方法；理论与技巧结合，全程指导学车流程；简单易用，不设多余的功能分散注意力，利用碎片化时间做题复习等特性，很大程度都取代了驾校传统的理论课程，如“驾考宝典”。

1. 全程指导学车流程

首页很清晰的串联从报名学车、四项考试科目、到驾照领取流程，层级结构非常简单。

2. 专业、全面的考试题库

汇集全国数千所驾校和学员验证的真题，全真模拟考试熟悉考试技巧；结合交规知识点逐题详解，可针对性地练习知识点薄弱的题型，相对传统书本背诵，更易于加强理解。

android

ios

叫叫讲故事——“童话大王”，初心不改

每位爸爸妈妈都会有过给孩子讲故事的经历，当你实在抽不出时间的时候，“叫叫讲故事”或许是个好帮手。

应用坚持做“童话大王”的初心，从童话寓言、诗歌、国学启蒙、英语练习到安全知识，爸爸妈妈可以在故事目录中按分类和内容进行挑选，也可以参考排行榜中受欢迎的故事。

1. 界面简洁，操作简单

画风、设计充满童趣，宝宝自己就能操作。

2. 儿童配音，支持录音

偶尔不能陪在孩子身边时，可以自己录下故事，让最熟悉的声音依旧陪伴孩子安然入睡，还可以设置定时关闭。

ios

颈椎，你好

如果你每天趴在电脑面前 4 小时以上、颈肩僵硬疼痛、压力大不堪负重、经常落枕、手指手臂发麻、习惯性端肩，难以放松，那么你需要这个应用。

这不是一个信息胡乱堆砌的应用，不是又一个拿来看看而已无用的产品。“颈椎，你好”根据颈肩相关中、西医学保健理论，通过简单的颈椎状况自检，帮你找到最适合你的颈肩保健方法。

每个人的问题不同，初次使用，或在不同阶段重新做一次颈椎测试，找到最适合你的保健方案。

通过动态图示范和计时提醒轻松引导你完成保健运动；友好的交互体验总会在恰当的时候给你温暖的鼓励。每项保健运动都有固定起止时间，开启这项服务，它会定时提醒你。

android

ios

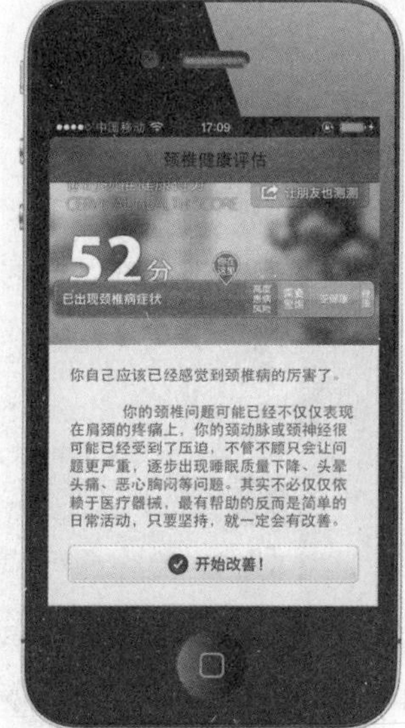

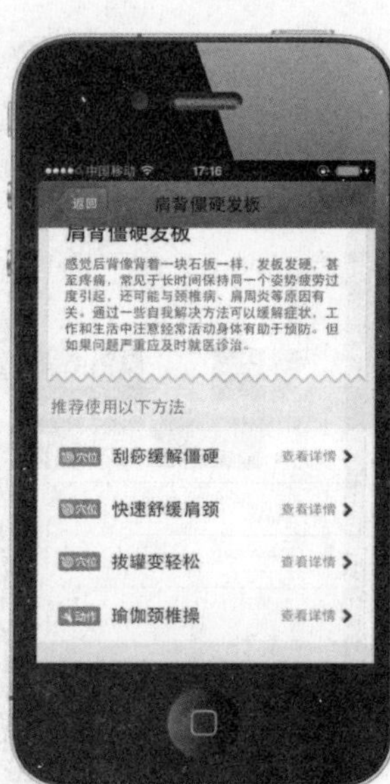

口袋购物——支持全网比价的智能导购应用

大大小小的导购网站不计其数，主要通过推荐、分享、社区等机制带动用户消费产生分成。作为流量入口，如何提升 IP 价值和转化率最重要。

口袋购物区别于其它导购应用之处在于：商品数据覆盖淘宝、天猫、京东、凡客、苏宁等购物网站，通过算法为用户智能推荐商品，全网比价帮用户省时省钱，并开始尝试转型做自己的营销平台。

1. 智能搜索

支持关键词组合搜索，让搜索结果更贴近你的需求。针对电商特性对商品做分类搜索，如数码去京东，休闲上凡客，家电去苏宁。

2. 智能推荐

根据用户历史收藏、点击行为、相似度、品味相近用户喜欢的商品这 4 类数据进行推荐，所以每个用户打开“我的街”看到的都是不一样的内容。

3. 全网比价省时省钱

点击商品详情页的同款比价按钮，可以看到 90 天内的价格曲线。

android

ios

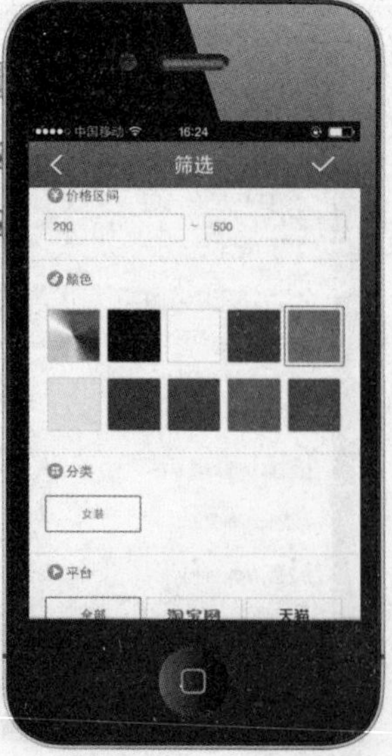

乐动力——你的运动健康伙伴

越来越多的工具型应用尝试社交化，如计步类运动应用中，“NIKE+”虽需配合其它设备使用，但可以同步到 path；“咕咚”可以约跑。

“乐动力”也是同类应用之一，自动识别运动方式记录用户运动行为并生成每天的生活轨迹，与好友 PK 运动量，智能的 HeartBeat 省电机制，还有符合中国国情的记录功能：为用户估算每日 PM2.5 吸入量。

1. 后台省电运行，自动识别

乐动力使用重力传感器检测运动行为，相对更省电。应用根据你的性别、体重、身高、年龄、日常活动强度计算出适合你的每日运动目标，并自动识别你正采取的运动方式，如步行、跑步或骑车。

2. 定位记录

首界面最醒目圆圈中，分别记录当前步数、对应消耗的卡路里，以及 PM2.5 吸入量。

3. 好友排名

排行榜只针对当天运动量排名，如果好友数足够多，激励的效果会显著。

android

ios

落网——记录独立音乐

落网是一个小众的乐单应用，集合不同音乐领域的多个意见领袖的推荐，通过编辑根据自身的鉴赏力对音乐、文字、图片三者进行有机结合，从而对音乐进行新的诠释，表达出不同用户渴望得到的情绪和态度。落网致力于发掘这个时代里最朴素、最有质感的声音，让更多的独立音乐作品得到更好的传播。

专注独立音乐，坚持人工推荐。没有花哨的功能，没有炫目的色彩，简单到极致。没有排行榜上的所谓热歌、没有搜索，每期主题精选，只记录独立音乐。当嘈杂的流行歌曲充斥整个世界，让“落网”来叫醒你的耳朵。

浮窗播放器使用应用体验更流畅，不占用主界面的空间，使应用体验更流畅，左右滑动即切换曲目。喜欢的曲目、期刊可添加收藏或分享。遗憾的是仍不支持离线或下载。

ios

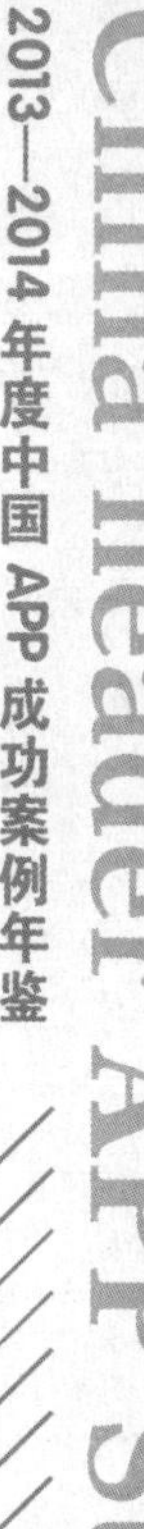

脉可寻——名片管理本该如此轻松

当你还在用传统抽屉式管理名片陷入无尽的人工翻阅查找名片时，脉可寻能轻松解决你的问题。只需拍摄名片即可自动录入成为完整信息的电子名片，除名片本身的信息外，还将公司地图、公司新闻、LOGO、共同人脉、联系人微博账号等众多附属信息从互联网上通过深度算法获取并整合。

1. 主要功能一识别名片

主界面功能一目了然，对着名片，拍照，等待识别，分组，操作非常简单。

2. 分组管理名片

添加时预置了常用分组如客户、代理商等，省去一些操作步骤，可对联系人排序。

3. 辅助功能

来电时，可以看到联系人的公司、职务、备忘录和名片拍摄时间。联系人详情页里关联其公司的最新相关新闻。云同步，但不支持导出。

android

ios

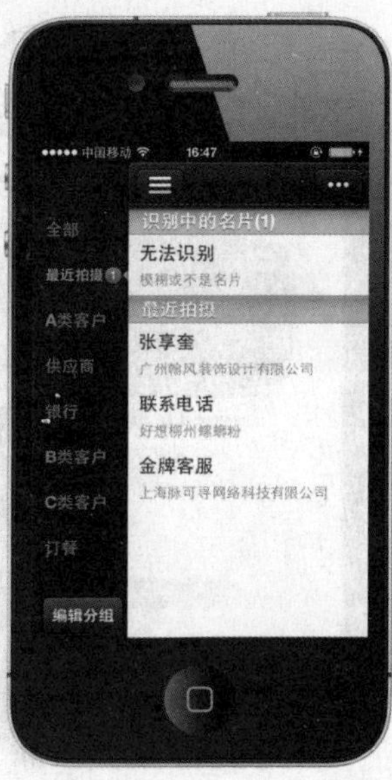

魔力盒——零流量也看能 V 电影

对于移动设备没有 wifi 是个魔咒，很多人会提前下载电影离线看打发无聊的时间。但在 ios7 之前，应用必须在前台运行时才能保持下载，切换至后台时网络连接最多只能保持 10 分钟。魔力盒支持后台运行即可在 wifi 下自动帮你下载 3 部精选短片，帮你度过公交地铁中没信号时百无聊赖的时光。

1. 使用方便

应用功能很简单，播放、删除或者分享。依托 V 电影的优质片源，魔力盒在你连接了 Wifi 的时候自动下载三部精彩视频。你需要做的，只是在公交地铁中没信号百无聊赖时，打它开，开始播放。

2. 不占内存、不耗流量

看完一部之后你可以选择分享或者删除，在连接 wifi 的情况下，系统会为你自动缓存下一部精彩的视频。但是不支持保存到本地。

android

ios

穷游锦囊——人人为我，我为人人

“穷游锦囊”致力于打造“最精炼”、“最实用”、“最新鲜”的旅行指南，旨在为出境游客提供旅游目的地的游玩、食宿、交通等指南信息。

“锦囊”包括天气、地图、交通、美食、住宿、购物、景点、机场、免税店等在内的目的地信息，穷游戏的优势在于，网站5%的内容由长期居住在当地的qyer原创，以中国旅行者的视角考量注意事项，保证了内容的专业与可靠性，保持7＊24小时的更新频率。

同时，延续穷游论坛里友爱互助的氛围，穷游网与版主或资深旅友共同构建的“社会化体系”，用户更在意精神激励，持续输出优质内容，维护内容定期回复即是最好的体现。

android

ios

去哪儿酒店——旅行地图导航

去哪儿网出品，专注于快速订购酒店的应用。提供酒店挑选、订购、可视化地图导航、周边环境导览的一站式服务。团队背景无需多介绍，个人最觉得去哪儿团队最大的优势是对内容的整合能力，懂得如何更好地呈现给用户最想要的信息。

可以个性搜索，或基于地理位置就近推荐。

多维度、全方位、循序渐进，围绕尽快为你找满足需求的酒店的服务宗旨。巧妙融合了“Left Nav Flyouts”、“Tag”和“Tab”组合导航的结构，侧边栏只显示与用户紧密相关的“夜销酒店”与主界面进行切换，底部则通过 Tab 满足用户的个性化搜索需求，产品结构设计非常巧妙，让各功能点之间平滑衔接且极具扩展性。

Tag 贯穿了整个应用，在不同场景界面被巧妙利用，如可视化地图导航中，对比文本或表格的形式，Tag 分类引导效果立分高低。

android

ios

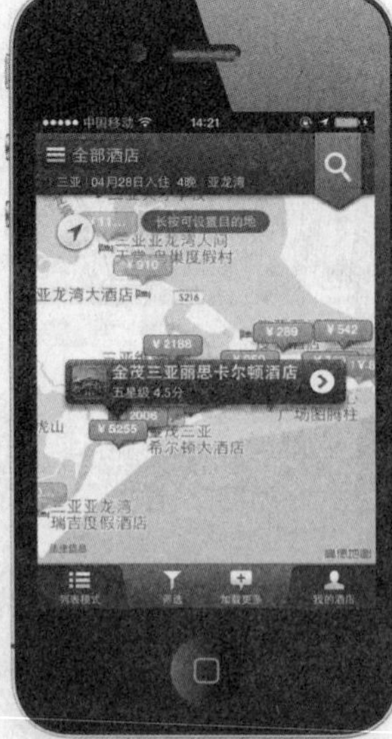

手工客——文艺也是种生产力

豆瓣、淘宝或线下实体店，你应该看到过不少手工制品。不同于流水线的大规模生产，这些基于“口味”、“文艺”、“个性”等因素形成的手工艺品群体，旗帜鲜明的将电商市场细分化。

Etsy 是在线销售手工工艺品网站的先驱者，典型的小而美，基于原创、手工的产品定位，汇聚着一批富有创意、热爱手工的人，他们在这里开店，制作出独一无二的产品出售。手工客复制了 Etsy 的模式，但在初期，手工客应用侧重教程分享而非交易。

应用以内容为主，可通过专题、分类或搜索找到你感兴趣的教程，现版本不支持关键词组合搜索。

兴趣社交更需要情感激励，但相对容易产生凝聚力。手工客有自己的账户体系，制作中对图文教程的制作步骤仍有疑问，可以直接在评论区向创作者提问，用户之间可互相关注，形成关系链。

android

ios

图解电影——10 分钟品味精彩影视

你会基于哪些因素准备看一部电影？搜最近热播？针对自己喜好找同类推荐？看影评？或是根本没那么多想法随便看看。

无论以上哪种情况，你想必都经历过看完之后对影片失望之极，后悔浪费了近 2 小时。

图解电影，将电影主要情节以高清图文解说的形式，让你花 10 分钟即可品味精彩影视，支持离线下载，帮你快速甄别烂片，值不值得完整看一遍，你再决定。

播放过程跟视频播放器一样，电影简介、评分、评论，特色在于高清图解，支持离线下载。

android

无觅——“个性化阅读”

踏上“个性化阅读”这条艰难的道路的网上应用越来越多，“无觅”是其中之一。个性化阅读主要通过收集用户行为，分析用户喜好，针对性推荐内容。个人认为，推荐内容的智能与否，另一个因素取决于对内容源的细分程度。

“无觅”在列表页和内容页都提供了内容筛选的功能：“没兴趣”的不会再推荐，根据你的操作行为，针对订阅、收藏、喜欢的内容来源进行分析，随数据不断累积，推荐的内容会越来越贴近你的需求。“待读”可将内容归纳保存，免去了单独使用“稍后再读”类应用，很贴心的设计。

android

ios

校招季——与毕业生同行

“校招季”是一款为毕业生量身设计求职应用，由大街网出品。产品围绕校招，整合大街网核心校招资源、应聘攻略、宣讲会等信息，助力毕业生有效找到合适工作。

1. 投递简历

无论校招、社招，首要且重要的是，建立一份简历。但“校招季”目前版本并未发现创建简历的入口，新用户通过注册、填写毕业了院校、专业等常规信息后，即可向企业投递！

2. 寻找意向企业

分为实习、职业、企业宣传讲，根据你设置好就业地点、行业、职位、薪资要求等条件筛选出“符合”你需求的企业。

3. 求职助手

应届生在求职时，最关注的会有职业测评规划、如何写简历，及求职过程中的注意事项。“校招季”整合当下最受毕业生关注的问题形成攻略。

ios

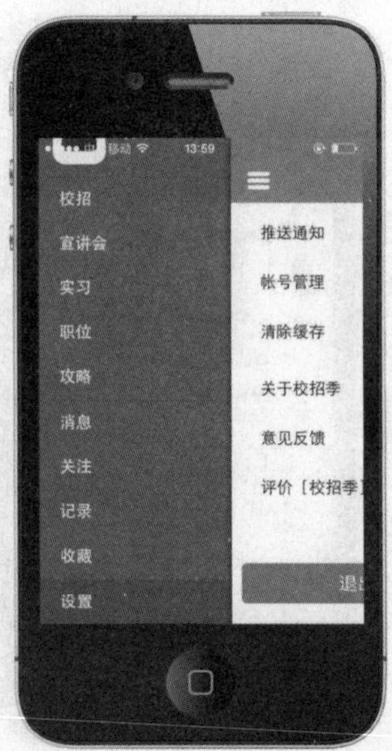

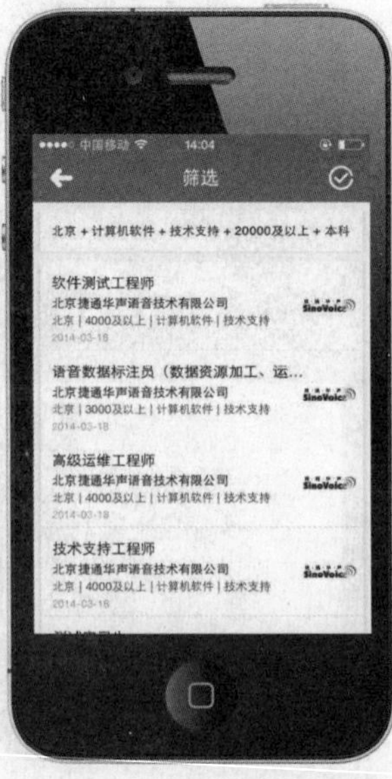

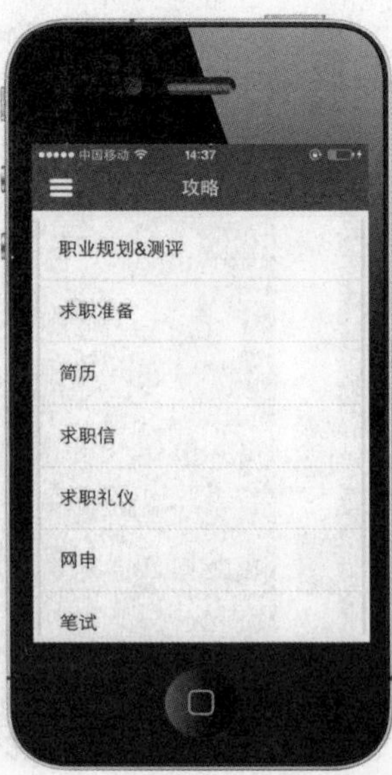

学霸拯救地球——战胜拖延症

“学霸拯救地球”是基于《番茄工作法》科学理论，致力于解决拖延症问题的应用之一，区别于同类应用的优势在于——“有趣”，通过角色扮演游戏来让打败拖延症的过程变得不那么枯燥，激励你不断前进，强大的提醒功能，在每一个你准备放弃任务的阶段强制将你召回到执行任务状态。

1. 制定计划：设定最小目标

创建一个 25 分钟内能完成的目标，完成目标会获得相应奖励以解锁更多功能：如“周期功能”可在 5 分钟休息时间结束后，响起警报强制将你召回到执行任务状态……。

2. 执行任务：清空大脑，只留目标，执行任务 25 分钟

首先，通过趣味闯关激励你完成目标，任务可后台运行，进行中不会被来电、短信中断；其次，“毁灭性的提醒”功能巩固你达成目标的决心。

ios

知乎日报——明白人说新鲜事

知乎又一力作，来自顶级知识分享社区提供的每日资讯，由专业人士分享的热点讨论见解，明白人说新鲜事。时事热点、天下趣闻、行业知识涉猎广泛，它更注重内容质量而非更新频率，良好气氛引发用户深度讨论，知乎让人知其然，更知其所以然。

主界面以 timeline 排序，增加了栏目分类，针对性的阅读。

新版完增加离线下载、夜间模式、无图模式、字号大小调整、栏目分类、收藏等功能，并支持稍后阅读和保存到笔记，优化了阅读体验。

android

ios

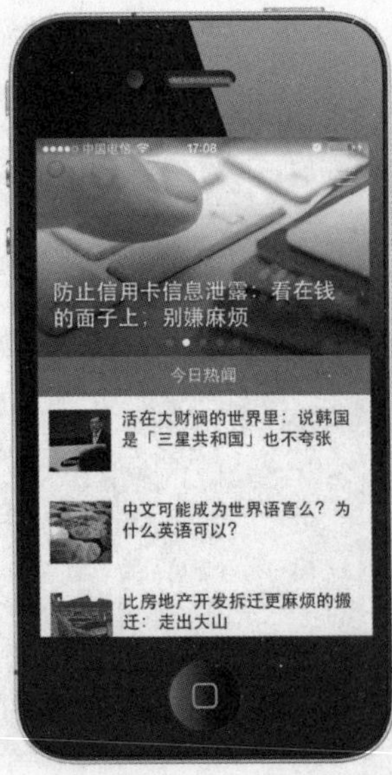

上海国理机械制造有限公司

公司简介

公司尊崇"踏实、拼搏、责任"的企业精神，并以诚信、共赢、开创经营理念，创造良好的企业环境，以全新的管理模式，完善的技术，周到的服务，卓越的品质为生存根本，作为经营的企业，我们始终坚持诚信和让利于客户，坚持用自己的服务去打动客户。

我们公司是在上海市，如果有上海市的朋友欢迎来我公司参观指导工作。本公司手机网"五金加工网"已上线。

wjjgw.easou.net

公司主要经营：

五金加工、冷作、钣金、冲压件、模具、线切割、机加工(数控)等机械设备制造、（上述经营范围涉及许可经营的凭许可证经营）等产品。

上海盛德金属制品有限公司

SHANGHAI SHENGDE METAL PARTS CO.,LTD

上海盛琦汽车配件厂

SHANGHAI SHENGQI AUTOMOTIVE COMPONENTS PLANT

上海盛德金属制品有限公司成立于1997年12月，公司位于中国乡镇之星之一的华新镇。目前公司主要生产经营汽车零部件，以冲压件为主，兼营焊接、金加工、板金冷作等业务。

公司始终坚持质量第一，顾客至上的方针。本公司通过了TS16949标准的国际认证，科学化的管理，保证了本公司不断生产出高质量的产品。2003年公司先后通过上海爱德夏机械有限公司、上海汇众公司A级供应商评审，取得交运股份质量优胜奖等荣誉。

地址：上海市青浦区华新镇北青公路4800号
网址：www.shengde.com

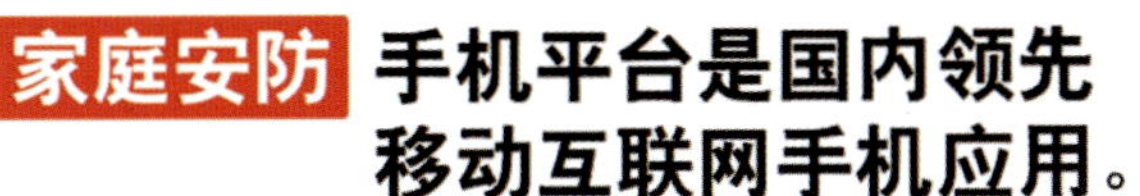

为您提供精选的行业产品以及价格，提供最新的新闻资讯、供应商。同时在线交友，与同行生意伙伴保持密切联系。

平台为行业企业在瞬息万变的商海中搭建了全新、快捷、稳定的沟通平台。

北京中资五洲科技有限公司

驻于中国科教研核心地带的北京科技大学科技园,被认定为北京市高新技术企业、国家级高新技术创业服务中心方兴孵化器在孵企业。

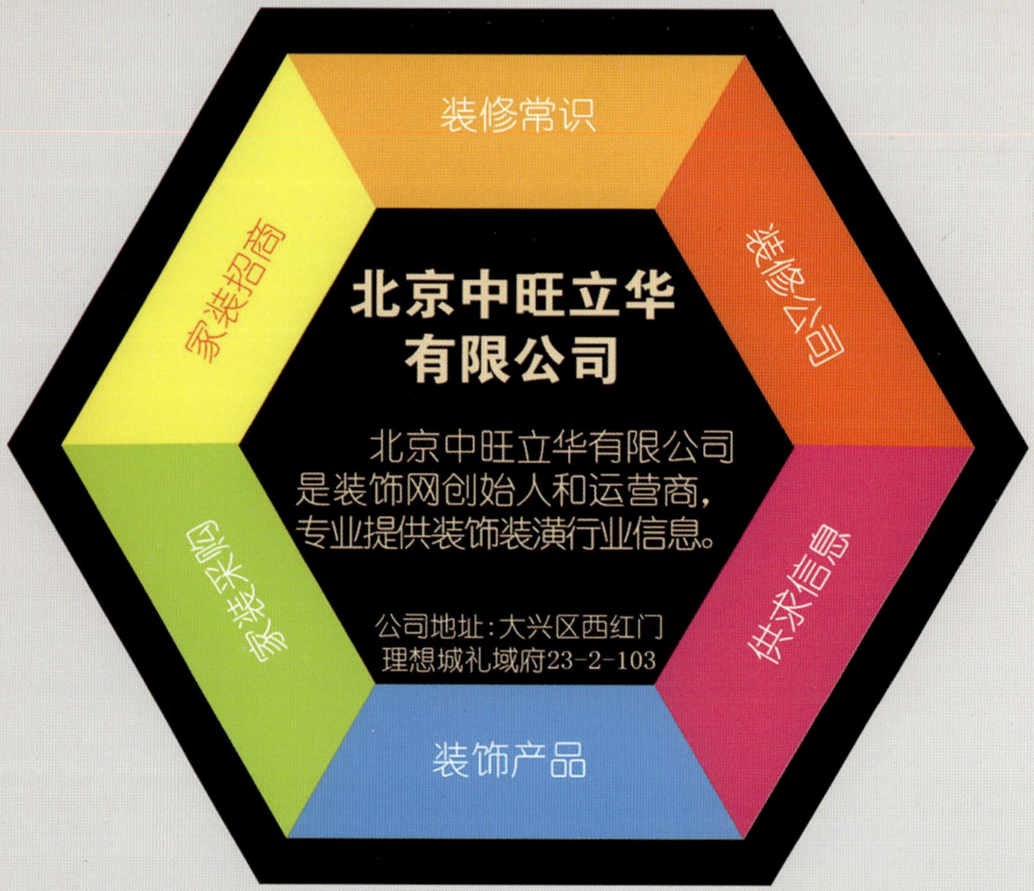

装修常识
装修公司
供求信息
装饰产品
家装采购
家装招商
北京中旺立华有限公司
北京中旺立华有限公司是装饰网创始人和运营商，专业提供装饰装潢行业信息。
公司地址：大兴区西红门理想城礼域府23-2-103

工程施工
物业服务
天津市万全设备安装有限公司
公司拥有
化工石油工程施工总承包二级，
地基与基础工程专业承包三级，
消防设施工程专业承包三级，
石油化工行业检维修，
电力设施承装四级许可，
压力管道密封元件制造许可，
安全阀校验，
消防维保以及物业安保，
劳务派遣等资质。
检修保运
产品制造
保安服务

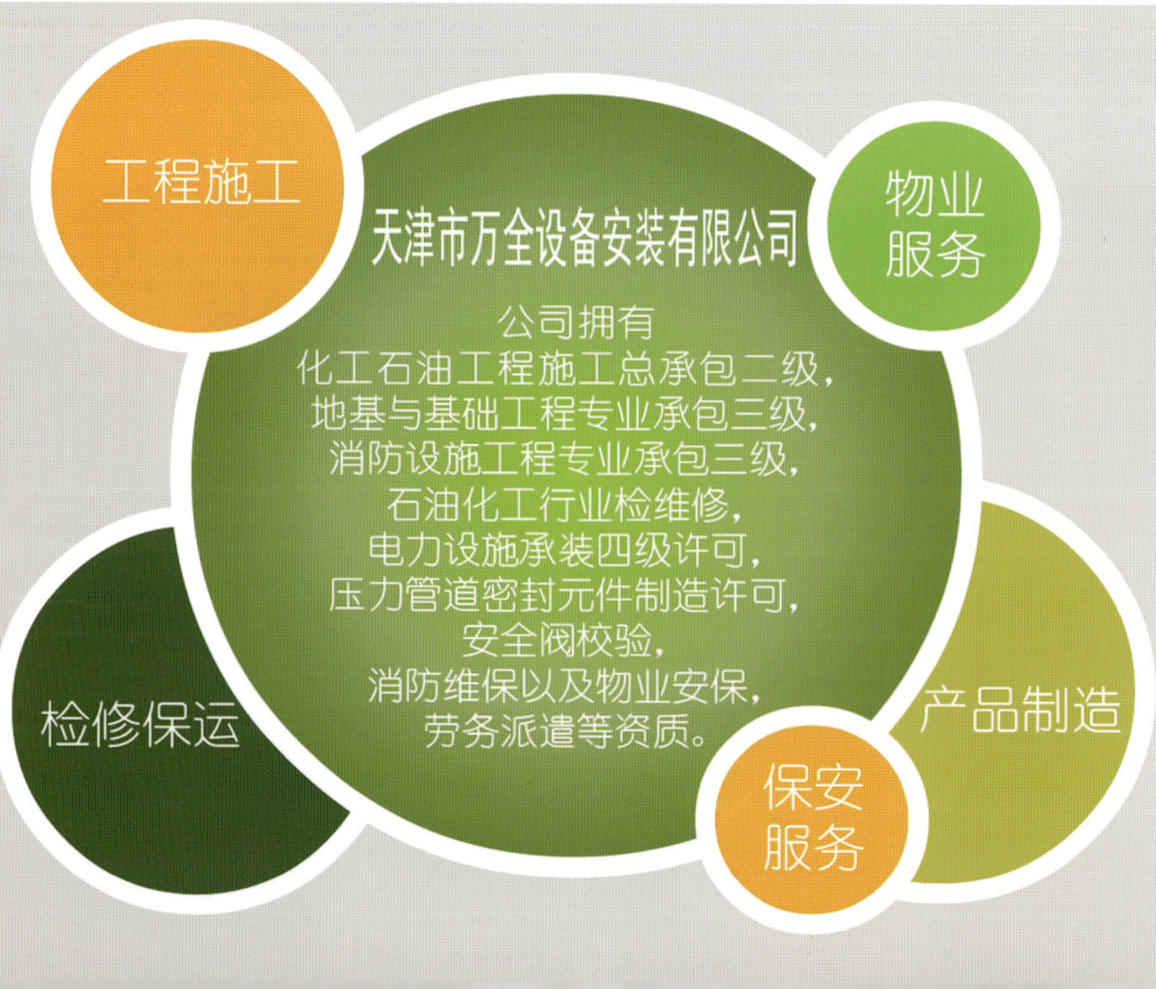

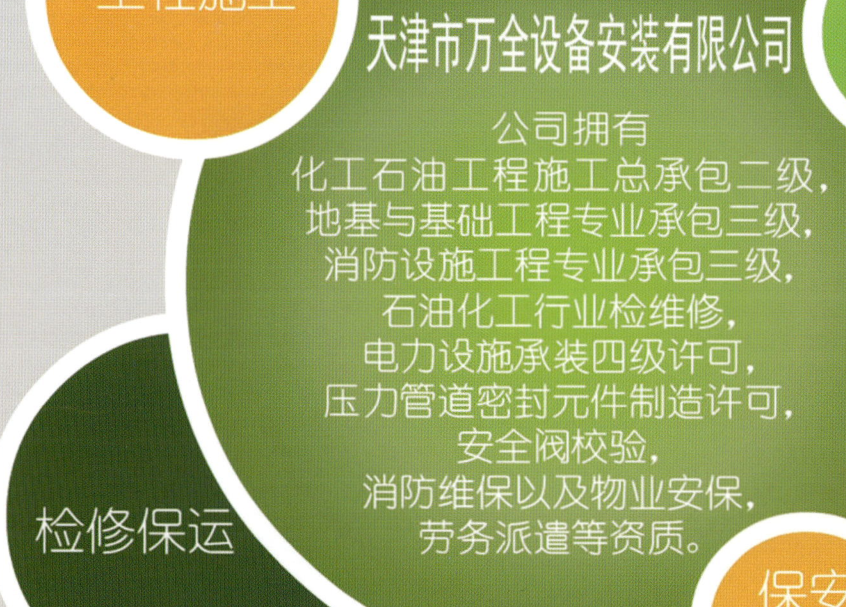

足浴桶

足浴桶APP内含的产品详情浏览功能可以让用户随时随地的了解到足浴桶行业提供的各种产品信息，并且足浴桶客户端可以通过在客户端里发布该企业/行业的资讯活动和企业/行业动态等信息，同时通过消息、评论、分享等消费者与商家的互动功能，加强商户与消费者的联系，拉近企业与个人用户的距离，从而使足浴桶客户端在宣传企业形象、灵活开展品牌活动、扩大企业品牌影响力。

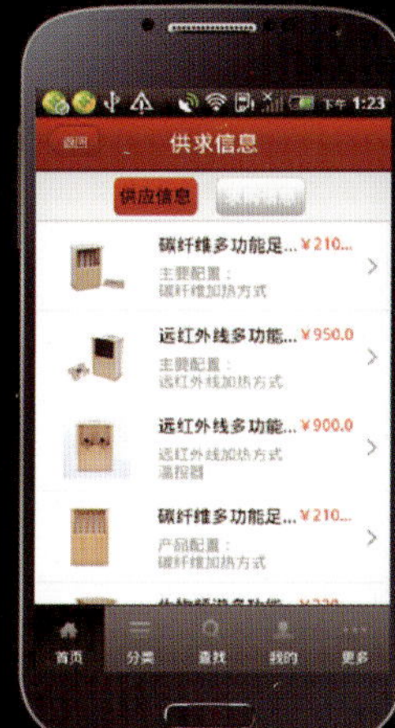

景观设计

“景观设计”是国内领先移动互联网手机应用。为您提供最前沿的行业资讯、最精准的产品以及价格,提供最活跃的供应商。同时商圈功能、地图功能,与五湖四海的同行生意伙伴保持密切联系。只要登陆客户端你就能及时的浏览行业信息、询价、结识商业伙伴、生意快捷又方便。平台为行业企业在瞬息万变的商海中搭建了全新,快捷,稳定的沟通平台。同时,也为企业在移动互联网行业中树立形象,拓展最新的经营渠道,扩大企业对外交流,开展电子商务合作。

服饰网

如果按照人口比率计算,服饰的受众很广,服饰网占据很大的市场。

中农网

中农网APP内含的功能可以让用户随时随地的了产品信息。

常年为大中型展会服务，本客户端可以更好的为你了解会展的最新动态，为您节省您宝贵的时间。

本客户端为您提供了多种会展类型，有农业、五金、服装、医疗、建筑等服务。

北京懋林福祥工贸有限公司

中国纸制品商圈

中国纸制品商圈客户端是北京天下互联技术有限公司提供技术支持，是一款宣传企业品牌、形象，电子商务为一体的综合性APP。

开设了商贸机会，名企推荐，产品展示，求职招聘，资讯中心及商业论坛等信息化栏目，使用户在享受信息科技发展最新成果的同时获得最大的收益，为推动信息产业的发展，促进知识经济的崛起做出卓越的贡献。

中国房地产

"房地产"APP内含的产品详情浏览功能可以让用户随时随地的了解到"房地产"行业提供的各种产品信息，并且"房地产"客户端可以通过在客户端里发布该企业/行业的资讯活动和企业/行业动态等信息，同时通过消息、评论、分享等消费者与商家的互动功能，加强商户与消费者的联系，拉近企业与个人用户的距离，从而使"房地产"客户端在宣传企业形象、灵活开展品牌活动、扩大企业品牌影响力。

中国农业

“农业”APP内含的产品详情浏览功能可以让用户随时随地的了解到“农业”行业提供的各种产品信息，并且“农业”客户端可以通过在客户端里发布该企业/行业的资讯活动和企业/行业动态等信息，同时通过消息、评论、分享等消费者与商家的互动功能，加强商户与消费者的联系，拉近企业与个人用户的距离，从而使“农业”客户端在宣传企业形象、灵活开展品牌活动、扩大企业品牌影响力。

医疗器械产供销

“医疗器械产供销”是国内领先的移动互联网手机应用。为您提供前沿的行业资讯，标准化的产品，低廉的产品价格，活跃的供应商。同时商圈功能、地图功能，与五湖四海的同行生意伙伴保持密切联系。只要登陆客户端你就能及时的浏览行业信息、询价、结识商业伙伴、生意快捷又方便。平台为行业企业在瞬息万变的商海中搭建了全新，快捷，稳定的沟通平台。同时，也为企业在移动互联网行业中树立形象，拓展最新的经营渠道，扩大企业对外交流，开展电子商务合作。“医疗器械产供销”热忱欢迎广大商界人士和各界朋友共同创展。 通过该平台您可以：

1. 阅读到最新的行业资讯及动态；
2. 查看全国行业的产品情况以及询价、购买；
3. 搜索供应商或产品，在线及时沟通互动，收藏等；
4. 查看商品行情、在线求购商品、交易等；
5. 可将感兴趣的收藏的商家、行情信息、商圈资讯、价格走势、分享出去；
6. 可在线交易达成合作。

四川美食

“四川美食”APP内含的产品详情浏览功能可以让用户随时随地的了解到“四川美食”行业提供的各种产品信息，并且“四川美食”客户端可以通过在客户端里发布该企业/行业的资讯活动和企业/行业动态等信息，加强商户与消费者的联系，拉近企业与个人用户的距离，从而使“四川美食”客户端在宣传企业形象、灵活开展品牌活动、扩大企业品牌影响力。

手机团购网

手机团购网客户端（APP）是北京天下互联信息科技有限公司为淘眼镜客户端量身定制的一款产品行业标准化应用软件。

会员可以在客户端里发布该企业的产品、优惠促销、资讯活动和企业动态等信息，同时通过消息、评论、分享等消费者与商家的互动功能，加强商户与消费者的联系，拉近企业与个人用户的距离，从而宣传企业形象、灵活开展优惠促销、促进用户下单购物，扩大企业收益。

淘服装

淘服装是国内领先的移动互联网手机应用。为您提供前沿的行业资讯，标准化的产品，较低的产品价格，活跃的供应商。

"淘服装"热忱欢迎广大商界人士和各界朋友共同创展。通过该平台您可以：

1. 阅读到最新的行业新闻资讯及动态；
2. 查看全国行业的产品情况以及询价、购买；
3. 搜索供应商或产品，并在线及时沟通互动，收藏等；
4. 查看商品行情、在线求购商品、交易等；
5. 可将感兴趣的收藏的商家、行情信息、商圈资讯、价格走势、分享出去；
6. 可在线交易达成合作。

再生能源　旅游导航网　环保节能